Klaus Kopka wurde 1964 in Frankfurt am Main geboren. Da seine Mutter in einem Reisebüro arbeitete und Englisch sprach, waren Individualreisen von Beginn an Teil seines Lebens.

Seine erste selbstorganisierte Reise führte ihn zusammen mit vier Klassenkameraden im Alter von 16 Jahren per Fahrrad durch die Bretagne. Neben Europa waren es anfangs Länder wie die USA, Kanada, Neuseeland und Australien die sein Interesse als fahrradgeeignete und sichere Reiseländer auf sich zogen. Nach seinem Studium der Architektur in Frankfurt konzentrierte er sich zunehmend auf Reisen nach Lateinamerika und Asien. Insgesamt verbrachte er bis 2014 über 70 Monate auf Reisen und hat sich dadurch ein umfangreiches Wissen um die Organisation von Individualreisen angeeignet.

Die Individualreise

Basiswissen für

Ein- und Umsteiger

Bibliografische Informationen
der Deutschen Nationalbibliothek:
Die Deutsche Nationalbibliothek
verzeichnet diese Publikation in
der Deutschen Nationalbibliografie;
detaillierte bibliografische Daten sind
im Internet über www.dnb.de abrufbar.

Copyright © 2014 Klaus Kopka
Herstellung und Verlag:
BoD – Books on Demand, Norderstedt
Umschlaggestaltung:
Klaus Kopka
Umschlagfoto:
Klaus Kopka, Vava'u, Tonga
Printed in Germany
ISBN: 978-3-7322-8909-7

Vorwort	9
Pauschal oder individual	10
Welche Formen der Individualreise gibt es	15
Welche Länder bieten sich zum Einstieg an	26
Wie finde ich mein Ziel - oder ist es der Weg	31
Sehenswürdigkeiten, so viel oder wenig wie möglich	32
Alleine, zu zweit oder in einer Gruppe	34
Wahl des Fortbewegungsmittels	43
Die Vorbereitung mit Hilfe des Reiseführers	52
Flüge & Co. über das Internet buchen	57
Gesundheit	60
Gepäck	66
Kommunikationstechnik	71
Sprachliche Verständigung	73
Unterkünfte	76
Verpflegung	81
Reisekasse	87
Handeln	88
Mentalitäten	90
Keine Angst vor großen Städten	92
Tipps für einen gelungenen Start	101
Trekking in Nepal	104

Reiseland Neuseeland	119
Mit dem Fahrrad nach Übersee	122
Allgemeine Wohlfühl-Tipps	127
Eine Annäherung an Indien in 3 Teilen	129
Nachwort	145

Vorwort

Das Buch soll Mut und Lust machen, auf eigene Faust die Welt zu erkunden. Es richtet sich sowohl an Reise-Einsteiger als auch an Pauschalreise-Aussteiger. Beide Gruppen werden sich die gleichen Fragen, Bedenken, vielleicht sogar Ängste teilen.

Mit diesem Buch möchte ich das Wissen vermitteln, das für die erfolgreiche Umsetzung einer selbst organisierten Reise erforderlich ist. Der Sprung ins kalte Wasser ist selbstverständlich eine denkbare Variante und für all jene mit ausreichend Zeit und Geld nicht die schlechteste.

Für alle Anderen jedoch kann der Berg an anfänglicher Ungewissheit dazu führen, sich erst gar nicht der Situation aussetzen zu wollen, was mit Sicherheit eine traurige Lösung wäre.

Mit Hilfe von über 30 Jahren Reiseerfahrung möchte ich Ihnen ein realistisches Bild vom Reisen ohne Veranstalter vermitteln.

Um die Lektüre nicht zu trocken ausfallen zu lassen, habe ich mich entschlossen, persönliche Erlebnisse aus meinen Reisen an passender Stelle einzufügen. Dabei greife ich teilweise auf Aufzeichnungen zurück, die während meiner Reisen entstanden sind.

Definition: Das von mir verwendete Wort „*Reiseführer*" bezeichnet immer einen „Führer" in Buch- oder Ebook-Form und nicht die Reiseleitung in Gestalt einer Person.

Und jetzt wünsche ich Ihnen viel Spaß dabei, sich Lust auf die Planung Ihrer ersten Individualreise zu holen!

Klaus Kopka

Pauschal oder individual

Bei einer Pauschalreise werden von einem Reiseveranstalter Reiseleistungen wie Anreise, Unterkunft, Verpflegung sowie Ausflüge und sonstige Programmpunkte als "Paket" verkauft. Bei einer Individualreise muss sich der Reisende um die Buchung dieser Einzelleistungen selbstständig kümmern. Dabei ist jegliche Art der Kombination denkbar. Eine überaus gängige Variante ist es, sich selbst um Anreise und eventuell Unterkunft zu kümmern und vor Ort weitere Einzelleistungen wie Tagesausflüge o.ä. dazu zu buchen.
Diese Art des Reisens ist definitiv mit mehr Arbeit verbunden. Als Pauschalreisender reicht es theoretisch, ein Land kennenlernen zu wollen und sich das passende Reisedatum beim Veranstalter seines Vertrauens herauszusuchen und zu buchen. Getreu nach dem Motto "das wird schon schön werden".
So einfach kann man es sich als Individualreisender nicht machen. Man wird kaum umhin kommen, sich mit dem Land vorab zumindest grob auseinanderzusetzen.
Wenn genügend Zeit zur Verfügung steht oder nur ein sehr überschaubares Gebiet bereist werden soll, reicht es, sich nur um die Anreise zu kümmern und einen halbwegs aktuellen Reiseführer zu erwerben. Diese Reiseführer sind informativ genug, um sich vor Ort spontan das nächste Ziel heraus zu suchen.
Früher habe ich oft die Zeit während des Hinfluges genutzt, um mir im Reiseführer ein Hotel herauszusuchen und alles weitere ergab sich vor Ort mit Hilfe eben dieses Reiseführers oder Empfehlungen anderer Reisender. Noch spontaner würde man freilich reisen, verzichtete man gänzlich auf einen Reiseführer. Für diesen Schritt bräuchte man allerdings wirklich sehr viel Zeit und müsste für zahllose Enttäuschungen offen sein. Als positives Ergebnis wäre zu verbuchen, dass man notgedrungen einen viel intensiveren Kontakt sowohl zur einheimischen Bevölkerung als auch zu anderen Reisen

Pauschal oder individual

den suchen müsste. Dies würde den Charakter der Reise stark beeinflussen, da die Kommunikation in den Vordergrund rücken würde.

Möchte man in 2-5 Wochen (durchschnittliche Reisezeit für Berufstägige) ein Land oder auch nur eine Region kennenlernen, empfiehlt es sich, etwas rationeller vorzugehen. In der Regel buche ich mir einen Flug und suche mir am Zielort über das Internet vorab eine Unterkunft für die ersten Übernachtungen. Nach einer anstrengenden Anreise möchte ich nicht noch auf Hotelsuche gehen müssen. Dies lässt sich bequemer von zu Hause aus über das Internet erledigen (siehe hierzu „**Flüge & Co über das Internet buchen**").

Meist habe ich auch meine Reiseroute schon grob durchgespielt. Sind die Entfernungen zu groß, um sie sinnvoll auf dem Landweg zurücklegen zu können, buche ich schon von zu Hause die notwendigen Inlandsflüge dazu. Die Erfahrung zeigt, dass man damit vor Ort nicht unnötig Zeit verliert und preislich bleibt es sich meist gleich. Außerdem ist das Risiko groß, dass es just an dem gewünschten Tag keine freien Plätze mehr gibt. Dadurch besteht die Gefahr, Zeit zu verlieren oder im ungünstigsten Fall seine Planung gänzlich umwerfen zu müssen.

Hat man sich entschlossen, bereits von zu Hause aus die Inlandsflüge zu buchen, kommt man nicht umhin, seine Reiseroute recht konkret durchzuplanen. Dies ist eigentlich nur Personen zu empfehlen, die schon über Reiseerfahrung verfügen, da man einschätzen können muss, wie lange man für welche Aktivitäten vor Ort brauchen wird. Da dieses Buch Individualreise-Neulinge ansprechen möchte, kann ich hier nur einen kurzen Eindruck davon vermitteln, welcher Grad an Vorausplanung von zu Hause aus möglich und auch sinnvoll sein kann.

Im Dezember 2011 habe ich mit meiner Partnerin Kolumbien bereist. Ein Blick auf die Landkarte und ein paar Stunden Reiseführer-Studium haben gezeigt, dass die Entfernungen groß und die Sehenswürdigkeiten über die gesamte Landes-

fläche verteilt sind. Unsere vier Wochen hätten nie ausgereicht, um sich mit straßengebundenen Verkehrsmitteln einen kulturellen wie landschaftlichen Überblick zu verschaffen.
Schnell wurde klar, dass man Inlandsflüge in den Reiseplan integrieren sollte. Letztlich haben wir uns für drei Flüge entschieden, nachdem wir die Zeiten dazwischen so gut es uns möglich war durchgeplant hatten. Hat man die Flüge gebucht, weiß man auch an welchem Tag man seine Zwischenziele erreichen wird. So macht es durchaus Sinn, auch diese Unterkünfte vorauszubuchen. Da wir uns darüber hinaus entschlossen hatten, eine knappe Woche in einer Dschungel-Lodge unterzukommen, war die Reise, bevor wir überhaupt aufgebrochen sind, schon ziemlich "verplant". Letztlich mussten wir uns nur um vier Übernachtungen in Kolumbien selbst zu kümmern.
Früher hätte mich diese Vorstellung gänzlich abgeschreckt und wenn ich diesmal mehr Zeit gehabt hätte, wäre ich wohl ebenfalls nicht auf die Idee gekommen. So jedoch machte diese Art der Vorplanung Sinn und wir hätten die Reise rückblickend betrachtet nicht anders machen wollen.

Ein weiteres Beispiel.
Im Dezember 2012 entschlossen wir uns zu einer Reise nach Myanmar. Ich war fünf Jahre zuvor dort gewesen und hatte ein ausgesprochen entspanntes Reisen in Erinnerung, zumal es damals kaum Touristen gab. Als wir anfingen, uns über eine mögliche Reiseroute Gedanken zu machen (der Flug war bereits gebucht), mussten wir feststellen, dass wir in jenem Jahr nicht die einzigen waren, die auf die Idee kamen, dem früheren Burma einen Besuch abstatten zu wollen. Die Infrastruktur des Landes, speziell die Versorgung mit Unterkünften, konnte die zu erwartende Nachfrage kaum befriedigen. Das Land, in dem lange Zeit ziemlich alles reglementiert war, begann sich zu öffnen und der reiselustige Teil der Welt wollte partizipieren. Ob Individual- oder Pauschaltourismus, im Jahr 2012 wurde zum allgemeinen Aufbruch geblasen. Die

Gesetze der Marktwirtschaft greifen bei den nur begrenzt vorhandenen Unterkünften ebenso wie in jedem kapitalistischen Land. Hotels, die vor fünf Jahren noch 20 $US gekostet hatten, waren 2012 kaum unter 60 $US zu bekommen. Wohlgemerkt ohne Änderung der Ausstattung. Im Gegenteil, diese war fünf Jahre älter geworden. In Reiseforen wurde berichtet, dass Touristen teilweise in Klöstern übernachten mussten, weil keine Zimmer mehr zur Verfügung standen. Für einige mag dieser Umstand zum erinnerungsreichsten Teil Ihrer Reise geworden sein, für die meisten jedoch nur stressig. Voraus geht gewöhnlich ein stundenlanges Suchen, ob nicht doch noch irgendwo ein Zimmer zu ergattern ist. Hat man am Ende doch noch eines gefunden, so ist das Preis-Leistungs-Verhältnis mit Sicherheit abenteuerlich.

Um Überraschungen dieser Art zu vermeiden, hatten wir uns entschlossen, die Reise weitestgehend von zu Hause vorzuplanen. Neben der angespannten Zimmersituation gab es auch einen Engpass an Flugtickets im Land. Da Straßenverbindungen oft schlecht sind, das Land relativ groß ist und die Überlandverbindungen mit langen Fahrzeiten verbunden sind, macht das Integrieren von Inlandsflügen sehr wohl Sinn. Wir fingen an, eine Route auszuarbeiten und uns um mögliche Unterkünfte und Flüge zu kümmern. Die Web-Seiten der vier inländischen Fluggesellschaften waren überlastet und auch direkte Anfragen blieben unbeantwortet. Die Reservierung der Unterkünfte war einfacher. Zwar zeigte sich, dass schon drei Monate vorab einige Unterkünfte ausgebucht waren, die meisten ließen sich allerdings problemlos online buchen. Einige wenige mussten wir tatsächlich telefonisch anfragen, aber nach zwei Wochen waren sämtliche Unterkünfte reserviert. Einzig, dass wir immer noch keinen unserer vier Inlandsflüge reservieren konnten. Letztlich baten wir unser Hotel in Yangon, dies für uns zu erledigen. Wir waren äußerst skeptisch, aber kurz nach unserer Ankunft bekamen wir sämtliche Flugtickets ohne Provisionsaufschlag ausgehändigt.

Die Flexibilität, einer der großen Vorteile der Individualreise, war dahin. Dafür hatten wir uns zeitraubende Organisation vor Ort erspart. Ein Tausch, der sich allemal gelohnt hatte, wie wir während der Reise wiederholt feststellen mussten.

Dies sollte nur ein weiteres Beispiel dafür sein, wie sehr man, falls gewünscht, eine Reise von zu Hause aus vorbereiten kann. Wem es also sympathischer ist, während des eigentlichen Reisens den organisatorischen Aufwand so gering wie möglich zu halten, kann die gesamte Reise gemütlich von zu Hause aus über Wochen oder Monate ausarbeiten und durchplanen.

Welche Formen der Individualreise gibt es

Die Vor- und Nachteile einer Individualreise werden bei Wikipedia wie folgt beschrieben:
"Zentraler Vorteil einer Individualreise ist die größere Flexibilität. Der Kunde kann die Reise maßgeschneidert nach seinen Wünschen und Bedürfnissen zusammenstellen, die zu besuchenden Orte selbst auswählen und den Zeitplan selbst bestimmen. Insbesondere erlangt er so auch Zugang zu Orten, die im Rahmen von Pauschalreisen mangels Nachfrage oder wegen schwerer Durchführbarkeit nicht angeboten werden.
Andererseits trägt der Reisende den Organisationsaufwand und die Verantwortung für das Gelingen selbst. Kann er etwa einzelne Leistungen deshalb nicht nutzen, weil andere ausfallen, so muss er sie ggf. trotzdem bezahlen. Auch hat er keinen zentralen Ansprechpartner, sondern muss sich mit einer Vielzahl von Akteuren auseinandersetzen."

Eine Reise beinhaltet eine Ortsveränderung über den persönlichen Bewegungsradius des Alltags hinaus. Um sie vom Tagesausflug abzugrenzen, sollte sie mindestens eine Übernachtung beinhalten.
Die Organisation der Fortbewegungsmittel sowie der Unterkünfte stellt also den zentralen Bestandteil der Reiseorganisation dar.
Wenn ich in Frankfurt wohne und über das Wochenende zur „Dokumenta" nach Kassel fahre, so ist dies selbstverständlich eine Reise. Organisiere ich An- und Rückreise sowie die Unterkunft selbst, handelt es sich folgerichtig um eine Individualreise. Städtereisen wie die eben beschriebene Reise nach Kassel sind verhältnismäßig einfach zu organisieren. Je nach Entfernung zum Ziel wähle ich das passende Verkehrsmittel, sowie die meinen Bedürfnissen entgegenkommende Unterkunft.

Ob ich für diese Städtereise von Frankfurt nach Hamburg fahre oder nach Rom, New York oder Peking fliege ist im Grunde egal. Wir kennen die Verkehrsmittel, wir vertrauen darauf, dass sie uns zum Ziel bringen. Aber schon der Weg zum gebuchten Hotel unterscheidet sich. Ist in Hamburg die Welt aufgrund der gemeinsamen Kultur noch halbwegs vertraut, trifft dies bei den drei anderen Zielen kaum mehr zu. Hier hilft uns die deutsche Sprache nicht mehr weiter und ob der italienische Taxifahrer in der Lage ist, Englisch zu sprechen, darf ebenso bezweifelt werden. Dafür kommen uns Straßenbild und Verkehr noch halbwegs bekannt vor. Dies darf im Falle von New York oder Peking nicht erwartet werden. Spätestens in Peking stellt der Weg vom Flugzeug ins Hotelzimmer eine gewisse Herausforderung dar.
Zum Glück sind in den Reiseführern diese Wege ziemlich detailliert beschrieben, so dass man sich vor der Ankunft mit den Begebenheiten vor Ort vertraut machen kann. Zumindest der Transfer mit dem Taxi sollte ohne größere Aufregung möglich sein.
Dies ist sowohl Segen als auch Fluch eines Fluges. Man kann in relativ kurzer Zeit an einem uns gänzlich fremden Ort sein. Die Geschwindigkeit jedoch lässt keine behutsame Adaption zu. Man wird in eine fremde Welt gespuckt und muss mit ihr sofort in der Lage sein umzugehen.
Haben wir uns ein Ferienhaus in der Toskana gemietet, so nähern wir uns dem Ziel gewöhnlich langsam mit dem eigenen Fahrzeug. Italiens Straßen sind uns vertraut, bevor wir unser eigentliches Ziel erreicht haben. Es ist mit Sicherheit die behutsamere Art und Weise, sich mit der Fremde vertraut zu machen.
Beide vorgestellten Modelle beinhalten die einmalige Anreise zum Urlaubsziel, eine gewisse Zeit am bzw. in der Umgebung des Ziels sowie die Rückreise. Die nächste Stufe einer Individualreise nimmt die Rundreise im eigenen Fahrzeug ein, ob von zu Hause aus gestartet oder vor Ort gemietet. Der einzige Unterschied besteht im Grunde darin, dass das

eine Ziel um beliebig viele andere ergänzt wird. Jeweils muss man sich mit der Wegfindung und einer erneuten Übernachtungsgelegenheit auseinandersetzen. Je nachdem, wie lange man am jeweiligen Zwischenziel verweilt, erlangt die fremde Umgebung eine gewisse Vertrautheit. Diese hat nicht zu unterschätzende Vorteile. Man beginnt zu entspannen. Positive Eindrücke, wie ein nettes Restaurant oder ein lauschiger Park für die Mittagspause, sind wiederholt abrufbar. Man sollte die Vorfreude auf etwas Bekanntes nicht unterschätzen. Nicht zuletzt deshalb zieht es einen Großteil der Urlauber immer wieder an die gleichen Plätze. Sie haben sich dort einmal wohl gefühlt und sind sich sicher, es auch ein wiederholtes Mal zu tun.

Ein Ortswechsel hin zu einem unbekannten Terrain birgt immer wieder Überraschungen - schlechte wie gute. Da der Mensch von Natur aus risikoscheu ist, tendiert er zur Wiederholung des Vertrauten und damit zur Minimierung der unangenehmen Überraschungen.

Diese Tendenz erkenne ich auch bei mir. Allerdings unterscheide ich zwischen kurzen und längeren Reisen. Ein typisches Beispiel wäre ein Skiwochenende. Da ich ohnehin nie länger als max. ein Wochenende im Jahr fahre, bin ich nicht daran interessiert, neue Gebiete zu erkunden. Zwei bis drei Tage sind dafür in meinen Augen nicht ausreichend. Hier setze ich gerne auf Altbewährtes. Ein anderes Beispiel. Seit gut 20 Jahren fahre ich im Herbst für 10 Tage nach Norwegen. An- und Abreise ausgenommen, verbleiben mir eine Woche Aufenthalt im Ferienhaus. Es ist immer der gleiche Ort, meistens das gleiche Haus. Alle Wege kenne ich auswendig. Den Bauern und seine Familie kenne ich, seit ich 10 Jahre alt bin. Ich weiß, wo die Pilze stehen und wo ich Beeren pflücken kann. Alles ist mir vertraut, aber genau danach steht mir in dieser einen Woche im Oktober der Sinn. Genau zu wissen, was mich erwartet und mich genau darauf schon monatelang im Voraus zu freuen.

Im Gegensatz dazu suche ich auf längeren Reisen die Überraschung. Ich suche nach der Herausforderung, mit unvorhersehbaren Situationen umgehen zu müssen. Steht mehr Zeit zur Verfügung, haben negative Eindrücke nie die Chance, die Oberhand zu gewinnen.

Die nächste Steigerung einer Individualreise stellt den Verzicht auf ein eigenes Fahrzeug dar und beinhaltet damit die Nutzung öffentlicher Verkehrsmittel. Dieser Schritt erfordert das Einholen der notwendigen Informationen über Fahrzeiten, Abfahrts- und Ankunftsorte sowie den Erwerb des benötigten Fahrscheins.

Ein Großteil dieser Vorbereitungen können mit Hilfe des Reiseführers, dem Internet oder einem gutem Reisebüro vorab von zu Hause aus geregelt werden, so dass man vor Ort nur noch wenig organisatorischen Aufwand betreiben muss. Alternativ kann man sich um die benötigten Verkehrsmittel auch erst im Land kümmern. Dadurch verliert man zwar Zeit, bleibt jedoch flexibel.

Flexibilität ist, wie von Wikipedia beschrieben, der größte Vorteil einer individual geplanten Reise. Folgerichtig betrachten wir nun das mögliche Extrem dieser Reiseform.

Wir buchen einen Flug in ein Land, das wir erkunden wollen und lassen uns in diesem treiben. Wir haben einen Reiseführer im Gepäck, der uns einen Überblick über die Sehenswürdigkeiten des Landes gibt, so dass wir uns für die zur Verfügung stehende Zeit einen groben Plan zurechtlegen können. Da wir nichts außer dem Hin- und Rückflug und ggf. den ersten Übernachtungen gebucht haben, sind wir bezüglich unserer Route und der Verweildauer an den verschiedenen Orten offen. Wir können jederzeit auf Empfehlungen anderer Reisender reagieren oder uns kurzentschlossen mit jemandem zusammentun, um eine gewisse Zeit gemeinsam zu reisen.

Die benötigten öffentlichen Verkehrsmittel, wie auch die Unterkünfte werden spontan vor Ort gewählt. Für Viele mag die Vorstellung, dass man morgens nicht weiß, wo man die

kommende Nacht verbringen wird, etwas Beängstigendes haben. Die theoretische Möglichkeit, in einem fremden Land keinen Platz für die Nacht zu finden, erscheint alptraumhaft. Nach 30 Jahren Erfahrung kann ich beruhigen, es kommt in der Praxis nicht vor. Stattdessen wird man sich sehr schnell an diesen Zustand gewöhnen und einen entspannten Umgang damit entwickeln. Abgesehen davon gibt es immer die Möglichkeit, morgens beim Auschecken aus seinem Hotel, das Zimmer für die kommende Nacht telefonisch reservieren zu lassen. Die Reiseführer geben einen realistischen Einblick über den zu erwartenden Standard der verschiedenen Unterkünfte.
Diese zuletzt dargestellte Art einer Individualreise hat in der Tat den Nachteil, dass ich mich um alles vor Ort selbst kümmern muss. Ein nicht zu unterschätzender Teil des Tages wird dadurch mit Organisation belegt. Aber genau darin besteht der Reiz dieser Reiseform. Sich selbst kümmern zu müssen, bedeutet, die Sinne offen und den Geist aktiv zu halten. Ich komme zwangsläufig viel ausgiebiger mit der einheimischen Bevölkerung in Kontakt, deren Land und Kultur mich nachweislich interessiert (sonst würde ich die Reise nicht unternehmen). Ich gerate in Situationen, die ein Problem darstellen. Probleme, die gelöst werden wollen, müssen und schlussendlich auf die eine oder andere Art auch immer gelöst werden. Aber genau von diesen tagtäglichen kleineren und größeren Problemen lebt eine Reise und noch viel wichtiger, bleibt sie in Erinnerung. Die Nachhaltigkeit einer Reise hängt in sehr großem Maße von genau diesen Situationen ab. Für Probleme Lösungen zu finden, ist genauso befriedigend, wie früher eine gute Note nach Hause getragen oder im Berufsleben eine Anerkennung erfahren zu haben.
Ich möchte dies an einem Beispiel versuchen darzustellen.

Es war wohl die unangenehmste Situation, in die ich auf meinen Reisen bisher geraten bin.

2003 bereiste ich für drei Monate Indien. In einem Tempel in Kolkata (ehem. Kalkutta) wurden mir im Gedränge der Gläubigen annähernd meine gesamten Reisedokumente entwendet. Das Etui hatte ich in der Beintasche meiner Hose. Durch die extreme Enge bekam ich die Tat nicht mit. Der Verlust betraf meinen Pass, das Flugticket, alle Travellerschecks, eine Kreditkarte, rund 150 US $ in bar, meinen internationalen Tauchschein sowie ein Zugticket für eine 40-stündige Zugfahrt von Kolkata quer durch Indien nach Rajasthan. Geblieben war mir, was ich in meinem separaten Portemonnaie hatte. Eine zweite Kreditkarte und einige Rupien. Hier hatte sich bewährt, dass ich prinzipiell mein Portemonnaie im Urlaub in einer vorderen Hosentasche trage.
Damit Sie mich nicht falsch verstehen, alles ist relativ, schlimmer geht immer. Damals war dieser Vorfall ein sehr großer Schreck für mich, bildete ich mir doch ein, dass mir so etwas nicht passieren könnte.
Bevor ich versuche, mir die ganze Geschichte im Detail in Erinnerung zu rufen, möchte ich lieber von einer handschriftlichen Aufzeichnung Gebrauch machen. Den ersten Teil hatte ich zwei Tage nach dem Vorfall notiert, den zweiten eine Woche nach Beendigung der Reise.

"Warum man sich in Indien besser nicht die Wertsachen entwenden lassen sollte"

Das Gefühl, welches sich langsam des Körpers bemächtigt, ist schwer zu beschreiben.
Der Griff zur Beintasche, an der sich die wichtigsten Reisedokumente befinden sollten, ist Routine. Ich weiß nicht wie oft am Tag ich diese weitestgehend unbewusst ausgeführte Bewegung tätige. Dem Ertasten des Etuis wird keine große Bedeutung beigemessen, wird seine Existenz doch als selbstverständlich hingenommen.
Dies ändert sich schlagartig, wenn die Hand ins Leere greift. Der Körper reagiert sofort, in Sekundenschnelle stellen sich Bauchschmerzen ein.

Nach fünf Minuten und zweimaliger Ganzkörperkontrolle stellt sich Gewissheit und gleich darauf Schwindel ein.
Ich beginne den Inhalt abzurufen. Reisepass, Flugticket, eine Kreditkarte, alle Reiseschecks, 150 $US, ca. 150 Euro in Rupien, ein für indische Verhältnisse teures Zugticket und meinen Tauchausweis. Gut denke ich, Tauchen wollte ich ohnehin nicht.
Die Fahrt zurück zum Tempel, wo das Missgeschick nur passiert sein konnte, dient lediglich dem Versuch, nichts unversucht zu lassen. Letztlich die naive Hoffnung, sich mit dem neuen Besitzer über die von ihm nicht verwertbaren Gegenstände handelseinig zu werden. Niemand spricht mich an, sodass ich gefrustet wieder abziehe.
Danach die Rückkehr zum Hotel, um zu prüfen, ob im Anflug geistiger Umnachtung das ersehnte Stück vielleicht doch auf dem Bett liegen geblieben ist. Endgültige Gewissheit ermöglicht mir schließlich, erste klare Gedanken zu fassen. Eine Kreditkarte ist geblieben, die Bewegungs- und Verpflegungsfreiheit damit gesichert. Von Appetit jedoch noch keine Spur.
Beginnen wir also mit dem Sperren von Kreditkarte und Reiseschecks. Die für Indien von zu Hause mitgebrachten Telefonnummern habe ich griffbereit. Eine Verbindung ist aber nicht herzustellen. Hätte mich auch gewundert, schließlich bin ich in Indien. Gesegnet sei das Internet, hier erfahre ich die notwendigen Telefonnummern in Übersee. Die Kreditkarte lasse ich in Frankfurt und die Schecks in den USA sperren. Der anschließende Anruf beim Konsul verschafft mir immerhin Gewissheit, dass ich einen Polizeibericht brauche. Mittlerweile ist es dunkel geworden, genau der richtige Zeitpunkt für den Besuch eines indischen Polizeireviers. Ich lasse mir den Weg zum nächsten Revier erklären und mache mich auf den Weg.
Der Beamte betrachtet die Kopie meines Reisepasses 10 Minuten ohne Abgabe eines Kommentares. Jetzt nur nicht stören, denke ich und lasse meinen Blick durch den kärglich möblierten Raum schweifen. Eine Wand wird von einer raumhohen Tafel dominiert. Jegliches mögliche Verbrechen hat eine Zeile

zugeordnet bekommen. Angefangen bei Straßendiebstahl und endend bei Mord. Zwölf Spalten teilen die Monate des laufenden Jahres sowie zwei weitere für die Eintragung des Gesamtergebnisses der zwei Vorjahre.
Mir wird plötzlich klar, dass es nicht im Interesse des Reviers sein kann, möglichst hohe Verbrechensraten zu erzielen und beschließe den wahrscheinlichen Tatort in seinen Zuständigkeitsbereich zu verlegen, um nicht abgeschoben zu werden. Die Vorstellung, das eigentlich dafür zuständige Polizeirevier aufsuchen zu müssen, ist wenig erheiternd, liegt es doch in einem ganz anderen, heute für mich nicht mehr zu erreichenden Stadtteil.
Meine Befürchtungen stellen sich als berechtigt heraus, konzentriert sich der Beamte mit seiner Befragung während der nächsten 10 Minuten darauf, ob es nicht doch in einem anderen Stadtteil hätte passiert sein können. Dann macht er mir klar, dass ich mein Protokoll selbst erstellen müsse. Papier von einer Rolle wird auf DIN-A4 ähnliches Maß gebracht und mit kleineren Hilfestellungen entsteht unter meiner Federführung das Protokoll. Jetzt nur noch Stempel und Unterschrift und dann nichts wie weg, denke ich. Weit gefehlt, jetzt wird erst einmal mein Hotel aufgesucht, um meine dortigen Eintragungen mit den von mir gemachten Angaben auf dem Revier zu vergleichen. Ich nehme im hinteren, vergitterten Teil des Polizeibusses Platz, der eigentlich für die Beförderung von Straffälligen gedacht ist und los geht es durch das übliche Verkehrschaos zum Hotel. Dort wird Übereinstimmung der Daten festgestellt und erst mal eine Runde Tee getrunken. Auch ich bekomme freundlicherweise einen angeboten. Auf dem Rückweg zum Revier wird an der nächsten Imbissbude für weitere Stärkung gesorgt. Auch mir wird durch eine kleine Öffnung etwas nach hinten gereicht. Ich beginne mich gerade wohl zu fühlen, da verpflegt und ein Ende in Sicht, als der Wagen neben einem kleinen Menschenauflauf am Straßenrand hält. Es wird eine viertel Stunde diskutiert und schließlich der vermeintlich Schuldige zu mir in den hinteren Teil des Wagens

verfrachtet. Die 20-minütige Rückfahrt zum Revier nutzt der Mann, um durch die Öffnung zum Fahrerraum eifrig auf die Beamten einzureden. Die Stimmung entspannt sich zusehends und am Revier angekommen wird der Mann wieder auf freien Fuß gesetzt. Irgendwie beneide ich ihn, denn im Gegensatz zu ihm muss ich wieder mit ins Revier. Der Beamte macht es sich wieder in seiner Stube bequem und ordert die nächste Runde Tee, er scheint langsam Gefallen an mir gefunden zu haben. Auf mein Drängen hin, dass ich noch viel zu erledigen hätte, bekomme ich endlich meinen ersehnten Stempel und bin um meine erste indische Amtserfahrung reicher.
Den darauffolgenden Tag reserviere ich sicherheitshalber für die Wiederbeschaffung des Passes und des Zugtickets.
Dass der Taxifahrer nicht weiß, wo das deutsche Konsulat ist, war zu erwarten, dass er sich trotz örtlicher Einschränkung meinerseits (Angabe im Reiseführer) eine halbe Stunde durchfragen musste, erstaunte mich allerdings dann doch.
Ich hätte mir schon denken können, dass ich Passbilder zum Erstellen eines Passes brauche, der gute Konsul hätte mich unter Umständen aber auch daran erinnern können. Nun dann, zurück ins Zentrum und bei dieser Gelegenheit gleich beim Reservierungsbüro der Bahn vorbei, schließlich musste ich das entwendete Ticket ersetzen. Ich erkläre auch hier mein Missgeschick, zeige meinen Polizeibericht vor und war gespannt ob ich mein Ticket für die Querung des indischen Subkontinentes ersetzt bekommen würde. Nicht zu fassen, für eine Bearbeitungsgebühr von umgerechnet fünf Euro und die Formulierung eines Bittgesuchs setze ich einen 45 Minuten dauernden Vorgang in Gang, an dessen Ende ich tatsächlich ein Ersatzticket in den Händen halte. Die Wartezeit nutze ich, um mich in dem viktorianischen Gebäudekomplex umzusehen, und die indischen mit den deutschen Amtsstuben zu vergleichen.
Nachdem ich mich zu einem Passbildfotografen durchgefragt habe, ist der Rest ein Kinderspiel. Für schlappe 40 Euro werde ich stolzer Besitzer eines vorläufigen Reisepasses. Ein Neuer

wird mich zu Hause noch einmal das Gleiche kosten. Im Konsulat werde ich mit dem Hinweis verabschiedet, dass ich noch zum Touristenbüro müsse, um mein Visum zu ersetzen, denn dieses gebe es ja nicht mehr. Da nur noch eine halbe Stunde bis Schließung des Amtes bleibt, und ich nicht davon ausgehen kann, dass die indische Bürokratie meinetwegen das Unmöglich möglich macht, und mein Zug abends in Richtung Rajasthan startet, beschließe ich dieses Unterfangen auf unbestimmte Zeit zu vertagen und ohne Visum meine Reise fortzusetzen.

Gut einen Monat später auf einer nächtlichen Busfahrt nach Bombay berichtete mir eine Engländerin von ihren Erfahrungen bzgl. eines ähnlichen Sachverhalts. Ihre Reiseschecks bekam sie erst nach einem Monat ersetzt und ihre Visumsangelegenheiten konnten nur in Delhi geklärt werden. Ich begann mir Sorgen zu machen, war Delhi doch mittlerweile 1300 km entfernt.
Am Abend in Bombay dann die logische Schlussfolgerung eines Schotten: „Warum nicht bis zum Abflug warten, die werden einem doch wohl nicht die Ausreise verweigern." Er war wohl noch nicht lange genug in Indien, um zu wissen, dass hier nichts unmöglich ist. Ich entschließe am darauffolgenden Morgen, mich mal wieder vertrauensvoll an die deutsche Vertretung zu wenden. Ein weiser Entschluss, wie sich herausstellen sollte. Der nette Herr Konsul bestätigte mir, dass Reisende in ähnlicher Situation durchaus vom Flughafen zurück an das zuständige Amt in Stadtmitte verwiesen wurden. Seine Anfrage bei der zuständigen Behörde ergab, dass ich einen Ausreisestempel in Bombay bekommen könne. Allerdings nur, wenn ich im Besitz einer Kopie des Visums wäre. Diese Einschränkung habe ich nicht weiter hinterfragt, ich hatte glücklicherweise eine Kopie.
Das notwendige Prozedere: Ich solle mit meinem Flugticket (welches ich noch gar nicht ersetzt hatte) wieder vorbeikommen, dann würde vom Herrn Konsul ein Empfehlungsschrei-

ben aufgesetzt, mit dem ich wiederum bei der zuständigen Behörde meinen Ausreise beantragen sollte.
Der Tag verlief erstaunlich produktiv. Es gelingt mir in nur sieben Stunden sowohl Reiseschecks als auch das Ticket zu ersetzen sowie endgültig die fehlende Urkunde für die Ausreise zu ergattern. 4x musste ich dafür zur American Express-Filiale, 3x zur Fluggesellschaft, und 2x führte mich der Weg zum Konsulat. Der abschließende Gang zur zuständigen Behörde für Visaangelegenheiten schlug erstaunlicherweise mit nur einer Stunde zu Buche.
Letztlich benötigte ich ca. fünf volle Tage, um Pass, Flugticket, Fahrkarte und Reiseschecks zu ersetzen.

Zugegeben, mir kamen meine drei Monate Reisezeit in diesem Fall sehr zugute. Hat man nur 3-4 Wochen zur Verfügung, ist dies ein noch viel schmerzlicherer Zwischenfall.
Was ich mit diesem Bericht versuche zu vermitteln ist die Bereicherung, die eine Reise durch die gewonnenen Eindrücke und Erfahrungen einer vergleichbaren Situation erfährt. Zugegeben, diese Erkenntnis stellt sich leider immer erst hinterher ein. Ich würde mir wünschen, dass ich das Potential eines solchen Vorfalls schon von Beginn an zu schätzen in der Lage wäre. Mit Sicherheit sind es aber genau jene Erlebnisse, die, wenn ohne ernsthaften Schaden überstanden, dazu beitragen, eine Reise in lebendiger Erinnerung zu behalten.

Welche Länder bieten sich zum Einstieg an

Als Bewohner Europas liegt kein Gedanke näher, als die Individualreise vor der eigenen Haustür zu erproben. Bereits das Bereisen unserer Nachbarländer erfordert aufgrund von Kultur- und Sprachdifferenzen Mut, Selbstvertrauen und Flexibilität. Kurz, ein ideales Übungsfeld für spätere Fernreisen über unseren Kontinent hinaus. Ich habe mich allerdings dennoch entschlossen, den Focus auf sinnvolle Übersee-Ziele für Individualreise-Einsteiger zu richten. Der Grund hierfür liegt im Wissen um die Sehnsucht Vieler, vermeintlich exotischere Ziele anzusteuern als man sie mit Europa verbindet. Ich möchte darstellen, dass das Verlassen unseres Kontinents nicht zwangsläufig das Reisen komplizierter machen muss. Als Tourist kann man in Ländern Europas aufgrund von Sprachdifferenzen viel eher auf Schwierigkeiten stoßen als dies in so fernen Zielen wie z.B. Neuseeland der Fall sein wird.
Auch hat man sich als Reisender auf fremden Kontinenten weniger mit berechtigten oder unberechtigten Vorurteilen gegenüber dem eigenen Land auseinanderzusetzen. Ein Engländer wird sich in Laos willkommener fühlen als dies in Frankreich der Fall sein mag. Generell habe ich das Gefühl, dass dem Touristen in den meisten Übersee-Zielen mehr Sympathie und Warmherzigkeit entgegengebracht wird, als dies auf europäischen Boden der Fall ist. Für all jene, die es mehr in die Ferne zieht, soll dieses Buch jene Länder aufzeigen, die sich ebenfalls hervorragend als Übungsterrain für das Individualreisen eignen.
Selbstverständlich lässt sich all dies in diesem Buch dargestellte genauso gut auf Reisen innerhalb Europas übertragen.

Welche Länder in Übersee kommen also für Individualreise-Neulinge bevorzugt in Frage?

Sinnvoll sind all jene Länder, die über eine gut entwickelte touristische Infrastruktur sowie eine gute allgemeine Sicherheitslage verfügen. Ferner ist es zu Beginn sehr hilfreich, wenn die Mentalität und Lebensart der Bevölkerung unserer nicht gänzlich fremd ist. Ist die Landessprache gar Englisch, fällt eine weitere Hürde.
Nehmen wir das Beispiel „Indien" um Regeln und Ausnahmen zu betrachten.
Ein unerfahrener Reisender wird bei seiner Ankunft in Delhi mit großer Sicherheit eine persönliche Überforderung empfinden. Nicht, dass Indien besonders gefährlich wäre. Auch die touristische Infrastruktur ist gut entwickelt.
Die eigenen Sinne werden jedoch dermaßen bombardiert, dass unsere Aufnahmekapazitäten innerhalb kürzester Zeit erschöpft sind (siehe hierzu *"Eine Annäherung an Indien in drei Teilen"*). Zudem hat man es mit einer Mentalität zu tun, die uns nicht vertraut ist. Die Reaktionen reichen von Unwohlsein über Überforderung bis Flucht. Aus diesem Grund ist Indien aus meiner Sicht kein empfehlenswertes Einstiegsland.
Wie immer, gibt es auch hier Ausnahmen. Die damals 18 jährige Tochter meiner Freunde ist zusammen mit ihrer gleichaltrigen Freundin auf eine halbjährige "Weltreise" gegangen. Angefangen haben sie ausgerechnet in Indien.
Fazit: Sie waren hellauf begeistert und taten sich mit dem darauffolgenden, deutlich touristischeren Thailand anfangs schwer. Das Entscheidende scheint mir in diesem Fall ihr Alter gewesen zu sein. Mit 18 Jahren ist man äußeren Einflüssen gegenüber toleranter und dadurch belastbarer. Darüber hinaus wurden sie von ihren Eltern, die Indien bereits kannten, gut eingestellt.
Ein weiteres Beispiel. Andere Freunde von mir waren viele Jahre große Anhänger von Pauschalreisen, immer wieder gerne auch nach Indien. Wenn auch aus dem wohl behüteten Umfeld ihrer Gruppe heraus, so waren sie doch mit der

Mentalität und Lebensart Indiens vertraut. Ihr Umstieg von pauschal zu individual lief für sie entsprechend reibungslos.

Überseeziele stellen meist eine größere mentale Hürde dar als unsere mittel- und unmittelbaren Nachbarländer, verfügen jedoch über jene exotische Anziehungskraft, die unser Fernweh schürt. Es ist diese Mixtur aus vermeintlich einsamen, grandiosen Landschaften und exotischen Kulturen, die uns früher über Erzählung und Literatur, heute über sämtliche Medien und die Reiseindustrie schmackhaft gemacht wird. Besagte Reiseindustrie bietet mit Ihren Pauschalreiseangeboten die Möglichkeit, diese Mixtur aus einer vertrauten „Umgebung" heraus zu konsumieren. Diese vertraute Umgebung wird durch die Gruppe und die Reiseleitung aufrecht erhalten. Es ist eine sichere „Blase", in der man sich durch die ersehnte Exotik bewegt. Ein direkter Kontakt mit dem authentischen Alltagsleben der fremden Kulturen findet nicht statt. Alles ist geplant, nichts dem Zufall überlassen.

Die anfänglich beschriebene Hürde entsteht durch das Fehlen dieser „Blase" für den Individualtouristen kombiniert mit der Annahme, dass Fernreisen (nicht zuletzt aufgrund ihrer tatsächlichen Entfernung zur eigenen Heimat) komplizierter in der Durchführung seien als Reisen zu näheren Zielen. Die sicherlich logischste Art als Individualreise-Einsteiger diesem Sachverhalt zu begegnen, ist es, die Exotik zu beschneiden. Das, was uns beängstigt, sind immer die uns fremden Kulturen und nicht Klima, Landschaft oder die Entfernung von Zuhause. Nichts liegt also näher, als jene Fernziele herauszupicken, die uns vertraut, also europäisch geprägt sind. Dies sind die USA, Kanada, Australien und Neuseeland. Für die frankophilen unter uns, die etwas mehr Exotik bevorzugen (fremde Kulturen eingebettet in europäische), stellen die französischen Übersee-Departements eine echte Alternative dar (Réunion, Martinique, Guadeloupe etc.). Der Nachteil dieser Destinationen sind die hohen Kosten für die Anreise, sowie das recht hohe Kostenniveau vor Ort. Dafür kann man

sein Schulfranzösisch (falls vorhanden) an die Bevölkerung bringen.
Für den Reise-Neuling, der sich eine Auseinandersetzung mit der südostasiatischen Kultur vorstellen kann, sind insbesondere Thailand, Vietnam, Malaysia, Singapore, Myanmar und Laos sehr interessant. Die beiden letztgenannten verfügen zwar noch nicht über eine vergleichbare touristische Infrastruktur wie die zuvor genannten, jedoch aufgrund ihrer vorwiegend buddhistischen Bevölkerung über eine Art Wohlfühl-Garantie.
Japan und auch Südkorea nehmen eine gewisse Sonderstellung ein. Die touristische Infrastruktur und allgemeine Sicherheitslage sind hier zwar sehr hoch, jedoch zählen beide Länder im Gegensatz zu den vorgenannten zu den kostenintensiven Reisezielen. Auch gelten sie aufgrund ihres hohen Entwicklungsstandards sowie ihrer gemäßigten Klimazone nicht als ersehnte Exoten. Folglich tauchen sie selten auf unserer Reisewunschliste auf.
Trotz der rasanten Entwicklung Chinas sind für den Großstadt-Liebenden Einsteiger in erster Linie die Metropolen mit Ihrer hervorragenden touristischen Infrastruktur zu empfehlen. Wer sich mehr zutraut, kann zumindest im Hinblick auf die Kriminalitätsrate davon ausgehen, ein sicheres Land zu bereisen.
In Afrika wird für den Reise-Einsteiger nicht viel mehr als Südafrika und Namibia (mit Mietwagen) in Frage kommen.
Die vielen Lateinamerikanischen Länder sind als Einsteigerländer nur bedingt zu empfehlen.
Allesamt erfordern sie ein Minimum an spanischen bzw. portugiesischen Sprachkenntnissen, da man mit Englisch nicht sonderlich weit kommt.
Zum Einsteigen sind in Mittelamerika in erster Linie Costa Rica und in Südamerika Argentinien, Chile und Uruguay zu nennen.
Dies sind allesamt Länder, die hauptsächlich wegen ihrer Natur besucht werden.

Die Länder mit den großen Kulturhighlights wie Peru (Inkakultur) oder Mexico (Aztekenkultur) sind für Neueinsteiger nicht zu empfehlen. In großen Teilen Lateinamerikas und Afrikas hapert es entweder an einer brauchbaren touristischen Infrastruktur und/oder an einer ausreichenden Sicherheitslage. Als Reiseländer für Individualreise-Einsteiger sind sie deshalb aus meiner Sicht nicht zu empfehlen.
Damit sind die wesentlichen Einstiegsziele weltweit abgesteckt.

Gut geeignete Einstiegsländer:

USA, Kanada,
Europa,
Myanmar, Thailand,
Malaysia (Festland), Laos,
Vietnam, Singapur,
Australien, Neuseeland,
diverse Überseedépartements

Bedingt geeignete Einstiegsländer:

Chile, Argentinien, Uruguay
Südafrika, Namibia,
Nepal, Kambodscha,
Bali,
Hong Kong, Peking, Shanghai

Wie finde ich mein Ziel - oder ist es der Weg

Die einfachste Form einer Individualreise ist wohl die Ein-Ziel-Reise. Dies kann die klassische Wochenend-Städtereise oder die Reise zum gebuchten Ferienhaus sein. Auch hier muss ich mich um Unterkunft, Anreise und Tagesablauf persönlich kümmern, habe allerdings den Vorteil, dass ich nur einen Anlaufpunkt habe, mit dem ich mich verhältnismäßig schnell vertraut machen kann. Es entfällt der häufige Ortswechsel bezogen auf die Unterkunft und die Notwendigkeit, sich mit öffentlichen Fernverkehrsmitteln auseinander setzen zu müssen (sofern ich mit dem eigenen Fahrzeug anreise). Wer diese Form der Reise bereits durchgeführt hat, wird weniger Probleme mit dem Einstieg in Individual-Fernreisen haben als jemand, der bisher ausschließlich pauschal gereist ist.
Während sich die Ein-Ziel-Reise auf eine Stadt, die Anreise zu einem Ferienhaus, Wohnung oder Zeltplatz meist auf eine Region konzentriert, besteht die klassische Individual-Fernreise aus einer Kombination mehrerer Ziele. Dies ist nur möglich, indem ich meine Standorte und damit auch die Unterkünfte wechsle. Die Reiseroute kann entweder zu Hause festgelegt werden oder sich während einer Reise spontan ergeben.
Bei einer klassischen Ein-Ziel-Reise geraten An- und Abreise oft zum notwendigen Übel. Dies trifft zwar auch auf eine Individual-Fernreise zu, allerdings ist es mit der An- und Abreise noch lange nicht getan. Ein Land mit Hilfe von öffentlichen Verkehrsmitteln kennenzulernen bedeutet immer wieder viele Stunden im Bus oder Zug zu verbringen. Man tut sich einen großen Gefallen, wenn man diese Zeiten als befruchtenden Teil der Reise betrachten kann. Im Idealfall empfindet man diese beständigen Ortveränderungen als spannenden, und damit positiv besetzten Teil der Reise.

Sehenswürdigkeiten, so viel oder wenig wie möglich

Jeder hat seine ganz persönliche Aufnahmekapazität. Während einige nach dem zehnten Tempel noch nicht genug, werden andere nach dreien bereits die Schnauze voll haben. Für den einen sind 15 km am Tag lockeres Spazierengehen und für den anderen alles über 8 km Leistungssport. Aufnahmekapazität sowie körperliche Belastbarkeit sind denkbar unterschiedlich. Die Kunst besteht darin, seine persönlichen Möglichkeiten realistisch einzuschätzen. Reist man alleine, kann man spontan auf seine eigenen Bedürfnisse reagieren und diese bei Bedarf anpassen. Reist man zu zweit oder in einer Gruppe, so sollte von Beginn an die am wenigsten belastbare Person die Geschwindigkeit vorgeben. Die Frage, die sich die vermeintlich Belastbareren oder einfach nur Leidensfähigeren in diesem Zusammenhang zwingend stellen sollten:
Kann ich mich zurücknehmen, kann ich mich auf den „schwächeren" Reisepartner einstellen?
Kann diese Frage nicht mit einem eindeutigen "Ja" beantwortet werden, bleiben aus meiner Sicht nur zwei sinnvolle Möglichkeiten:
 1. Man gibt die Reisepartnerschaft auf bevor die Reise begonnen hat.

oder
 2. Man vereinbart vor der eigentlichen Reiseplanung die Variante, sich bei Bedarf zeitweise oder auf Dauer zu trennen.

Auf diese Weise besteht die Möglichkeit, eine Freundschaft auch über eine Reise hinaus zu erhalten.
Egal, mit wie vielen Personen man reist, der Reiseplan sollte nicht überfrachtet sein. Wie so oft gilt auch hier: Weniger ist mehr!
Tatsache ist, dass Qualität durch Quantität leidet. Dies gilt für die Erzeugung einer Flasche Wein genauso wie für das Reisen. Der Vorteil hierbei ist jedoch, dass Qualität nicht

automatisch mit einer Kostenerhöhung verbunden sein muss. Langsameres Reisen ist in aller Regel immer mit einer Kostenersparnis verbunden. Ich kann auf Inlandsflüge verzichten und stattdessen mit Bus, Bahn oder Schiff reisen auch Preise für Unterkünfte sind besser verhandelbar, wenn ich mehrere Nächte bleibe.

Eine gewisse Grundvoraussetzung, um entspannt mit diesem Thema umgehen zu können, ist die Einsicht, dass immer die Möglichkeit zur Rückkehr in das besuchte Land besteht, und dass ohnehin nie alles bei einem Besuch gesehen werden kann. Wer dagegen mit der Gewissheit anreist, nur einmal in seinem Leben diese Reise zu tätigen, wird sich von Beginn an dem Druck ausgesetzt sehen, so viele Sehenswürdigkeiten wie nur möglich anzusteuern.

Freilich gibt es Sehenswürdigkeiten, an denen man als Tourist kaum vorbei kommen kann, stellen sie oft genug die Hauptmotivation dar, das entsprechende Land zu bereisen. So wird sich kaum ein Tourist finden, der Peru bereist hat, ohne Machu Picchu gesehen zu haben, oder Kambodscha, ohne sich Angkor Wat anzuschauen. Aber es gibt viele Länder mit unzähligen Sehenswürdigkeiten, die ohnehin nicht mit einer Reise zu erschlagen sind.

So erscheint es als absolut legitim, Brasilien oder Argentinien zu besuchen, ohne die Iguazu-Fälle gesehen zu haben.

Wer sich bereits vor der Reise von dieser Art "Leistungsdruck" befreien kann, hat viel gewonnen.

Alleine, zu zweit oder in einer Gruppe

Unter einer Gruppe ist in diesem Fall nicht die organisierte Gruppenreise zu verstehen, sondern die Gruppe die sich aus Freunden zusammensetzt. Die Entscheidung hierüber hat maßgeblichen Einfluss auf den Charakter einer Reise. Die Konsequenzen sollen aus diesem Grund etwas genauer betrachtet werden.
Die spontane Reaktion wird bei den meisten Menschen ähnlich ausfallen. Alleine zu reisen erscheint denkbar unattraktiv, bis vollkommen ausgeschlossen. Was sind die Gründe, die uns zu dieser "eindeutigen" Sichtweise führen?
Zuerst hat Urlaub machen (und nichts anderes ist das Reisen, welches ich in diesem Buch behandle) etwas mit Freude zu tun. Es ist in der Regel die Zeit des Jahres, der wir am meisten entgegenfiebern. Hier brechen wir aus unserem gewohnten Alltag aus, hier sind wir weniger fremdgesteuert, hier wollen wir unseren "verdienten" Spaß bekommen. Der daraus resultierende Gedanke in Bezug auf die aufgeworfene Frage ist: Alleine Spaß haben?
Wenig liegt den meisten von uns ferner. Spaß hat man mindestens zu zweit oder noch besser mit mehreren. Zugegeben, gelingt es, eine harmonische Reise mit Freunden zu realisieren, scheint es kaum eine Steigerung des Wohlgefühls zu geben. Aber wie man sich denken kann, im Wort "harmonisch" steckt der Knackpunkt. Mag man eine gemeinsame Skiwoche noch ganz gut in den Griff bekommen, können bei einem gemeinsamen 2-wöchigen Toskana-Aufenthalt im gemeinsam angemieteten Ferienhaus schon viele Toleranzgrenzen überschritten werden. Generell kann man festhalten, dass je länger eine Reise dauert und je mehr Leute mit ihren unterschiedlichen Bedürfnissen unter einen Hut zu bringen sind, umso gefährdeter ist der Gruppenfrieden. Das Problem ist, dass sich die Missstimmung eines Einzelnen automatisch auf die Gruppenstimmung auswirkt und eine

Eigendynamik entfalten kann, die nur schwer zu kontrollieren ist.
Dazu kommt der aus der Physik bekannte Effekt der Trägheit der Masse, der auf das Reisen in der Gruppe ohne Ausnahme übertragen werden kann.
Hat man gemeinsam ein Ferienhaus gemietet und sich nicht verbissen auf gemeinsame Zeitgestaltung versteift, mag alles noch unproblematisch verlaufen. Wählt man allerdings die Form einer Rundreise mit den damit verbundenen Ortswechseln kann es sich leicht zu einem Martyrium auswachsen. In diesem Fall fehlt die übergeordnete Autorität der Reiseleitung einer fremd-organsierten Reise der man sich per Unterschrift vor Reisebeginn "unterworfen" hat. Da es unter Freunden und Bekannten in der Regel keine Hierarchie gibt, werden die unterschiedlichen Bedürfnisse abgewogen und diskutiert. Heraus kommen bestenfalls Kompromisse, die dann wiederum zu Missmut führen können. Mit großer Sicherheit dauert aber jede Entscheidung, jede Aktion wesentlich länger als zu zweit oder gar alleine. Kurzum, die Mehrzahl an Reisenden wird sich in Gruppen von 2-4 Personen bewegen und der Reise zu zweit wird aus den angesprochenen Gründen gewöhnlich der Vorzug gegeben.
Neben dem Spaßfaktor sind es aber auch ganz praktische Überlegungen, die gegen das Alleinreisen sprechen. Man ist gezwungen, den gesamten Reisealltag alleine zu bewältigen. Ob es sich um die Suche einer Unterkunft oder die Nutzung öffentlicher Verkehrsmittel handelt. Man ist alleine meist etwas schwerfälliger, da gewöhnlich alles mit dem eigenen Gepäck im Schlepptau erledigt werden muss.
Noch unangenehmer als Freude nicht teilen zu können ist es, negative Erfahrungen alleine bewältigen zu müssen. Alle denkbaren Unpässlichkeiten potenzieren sich im fremden Land um ein Vielfaches. So kann schon eine kleinere Magendarmverstimmung, die einen für eine bestimmte Zeit an das nur bedingt charmante Hotelzimmer/Bad bindet, zu unerwarteten Vereinsamungsgefühlen führen.

Vor diesem Hintergrund möchte ich dennoch jenen Mut machen, die sich mit dem Thema Alleinreisen bevorzugt oder notgedrungen beschäftigen wollen. Ich habe viele Reisen zu zweit, in Gruppen aber auch alleine durchgeführt und bin zum Schluss gekommen, dass der Charakter einer Soloreise mit anderen Reiseformen nicht verglichen werden kann.

Als Grundvoraussetzung für die Entscheidung, eine Soloreise anzugehen, würde ich mindestens eine von zwei grundsätzlichen Charaktereigenschaften für erforderlich halten. Entweder gehört man zu den Menschen, denen es leicht fällt, auf andere zuzugehen, also den extrovertierten Typen oder eben zu den Menschen, die wunderbar mit sich selbst zurechtkommen, den zurückhaltenden und still genießenden Beobachtern. Beide Charakter-Typen sollten keine Probleme haben, eher im Gegenteil. Oft ist der eine oder andere Charakter etwas zu stark ausgeprägt und eine Soloreise kann dazu führen, den defizitären Teil zu stärken. Ich z.B. bin in einer mir vertrauten Umgebung ein durchaus geselliger Typ, tue mich jedoch schwer damit, auf fremde Leute zuzugehen. Ich genieße zu beobachten und kann wunderbar mit mir alleine zurechtkommen. Dennoch bewundere ich auch jene Typen, die sich mit spielerischer Leichtigkeit neue Reisebekanntschaften erschließen oder mit Einheimischen leicht ins Gespräch kommen.

Für mich waren diese Soloreisen in der Tat sehr lehrreich. Immer wieder gerät man in Situationen, in denen man sozusagen gezwungen ist, über den eigenen Schatten zu springen. Situationen, in die man im normalen Alltag nicht geraten würde. Aber genau diese sind es, die dem Soloreisen die nötige Würze verleihen. Auch der von mir zu Beginn beschriebene extrovertierte Typ wird auf einer Soloreise in Situationen geraten, in denen er mit sich alleine zurechtkommen muss, für ihn somit eine Möglichkeit, zu sich selbst zu finden. Für Menschen allerdings, denen es im Alltag schwer fällt, sich anderen gegenüber zu öffnen und die mit sich

selbst alleine nichts anzufangen wissen, ist an dieser Stelle ganz klar abzuraten. Wie immer ist nicht auszuschließen, dass eine Soloreise mit etwas Glück in Bezug auf Reisebekanntschaften auch hier Wunder bewirken kann, und man als positiv wesensveränderter Mensch in die Heimat zurückkehrt, wahrscheinlich ist es allerdings nicht.
Natürlich spielt auch das Reiseziel eine entscheidende Rolle. Der beschriebene extrovertierte Typ wird sich in touristisch belebten Regionen wohler fühlen als auf einer einsamen Natur-Reise. Auf der anderen Seite wird es ihm wiederum leicht fallen, mit den wenigen Menschen, auf die er trifft, einen Kontakt herzustellen. Der introvertierte Typus kommt wahrscheinlich in genau diesen Gegenden leichter zurecht und verbringt hier erholsamere Tage als in einer Touristen-Hochburg.
In diesem Zusammenhang eine Begebenheit, die mir 1997 in Chile widerfahren ist. Ich war zwei Monate alleine mit dem Rad im Süden Chiles unterwegs. Da ich aus Kostengründen meist wild zeltete, begegnete mir tagelang kein anderer Reisender. Mein Spanisch war zur damaligen Zeit quasi nicht existent, zumindest für keinerlei Unterhaltung mit Chilenen brauchbar. Am 8. Tag meiner Kommunikations-Durststrecke übernachtete ich in der Kleinstadt Castro auf der Insel Chiloé und gönnte mir ein Getränk in einem Cafe. Andere europäische Touristen waren im Ort nicht als solche zu identifizieren. Schräg gegenüber saß eine Frau ebenfalls alleine an einem Tisch und las ein spanisches Buch. Sie machte einen sehr sympathischen Eindruck und kommunikationsbegierig wie ich war, hätte ich sie am liebsten sofort angesprochen. Aber da waren sie wieder, meine zwei Defizite. Meine naturgegebene Schüchternheit, fremde Menschen anzusprechen, und, damit verbunden, auch der fehlende Fundus an hilfreichen Techniken. Aber auch die Unfähigkeit, mich auf Spanisch über meine essentiellen Bedürfnisse hinaus verständigen zu können – nur mit Englisch kommt man in Chile bis heute nicht weit. Dies war die größte Ortschaft, die mir im

Laufe der kommenden Woche begegnen sollte, und obwohl ich eigentlich gut mit mir alleine klar komme, war ein Zeitpunkt erreicht, aktiv zu werden. Auf einen kleinen Zettel schrieb ich ihr auf Englisch, wer ich war und schlug ihr vor, falls sie Lust hätte auf eine Unterhaltung (in Englisch), wir uns in einer Stunde in der Mitte des Hauptplatzes treffen könnten. Nachdem ich gezahlt hatte, legte ich ihr mit einem freundlichen Lächeln den Zettel auf den Tisch und verschwand, ohne mich noch einmal umzusehen. Weder war dies eine charmante Kontaktaufnahme, noch konnte ich mit Gewissheit sagen, ob sie mich überhaupt als Person wahrgenommen hatte. Die nächste Stunde verbrachte ich hauptsächlich damit mir vorzuhalten, wie peinlich dieser spontane Schritt doch eigentlich war, und ich konnte meinen Augen kaum trauen, als ich sie eine Stunde später am vorgeschlagenen Ort stehen sah. Mariana war Argentinierin und selbst auf Reisen. Sie sprach wunderbares Englisch, und mein Eremiten-Dasein wurde für 3 Tage unterbrochen, bis sich unsere Reisewege wieder trennten.

Diese und ähnliche Situationen haben mir sehr geholfen, meine Scheu vor mir fremden Menschen abzulegen und zu erkennen, dass jeder Versuch einer Kontaktaufnahme positiv honoriert wird. Die Möglichkeit, spontan auf andere Personen zugehen zu können, ist in meinen Augen einer der ganz großen Vorteile der Soloreise. Erfahrungsgemäß bleibt man als Paar oder Gruppe isolierter. Andere scheuen dann eher die Kontaktaufnahme und, da man selbst durch den oder die Reisepartner nicht auf Kontakte angewiesen ist, kommt es letztlich viel seltener zu interessanten Begegnungen. Dies ist ohne jeden Zweifel ein Verlust. Die Eindrücke und damit Nachwirkungen einer Reise sind umso intensiver und anhaltender, je mehr man in der Lage ist, sich unkalkulierbaren Erlebnissen zu öffnen. Neue Kontakte zu fremden Menschen gehören definitiv dazu, bzw. stehen sogar über allem anderen.

Sehr oft habe ich erlebt, dass Begegnungen mit Einheimischen viel leichter möglich sind, wenn man alleine reist. Meist muss man selbst gar nicht aktiv werden, sondern man erweckt Neugierde, die oft in einen Kontakt mündet. Eine Reise erhält eine andere Qualität, sobald man über die üblichen Dienstleistungsbegegnungen in Restaurants, Unterkünften oder Verkehrsmitteln hinaus Kontakt zur Bevölkerung bekommt.

Aber nicht nur den Einheimischen, sondern auch sämtlichen anderen Reisenden, denen man begegnet, fällt die Kontaktaufnahme gegenüber Alleinreisenden deutlich leichter. Um diese Vorteile auskosten zu können, ist es hilfreich, sich im Englischen halbwegs verständigen zu können. Englisch ist die kulturübergreifende Sprache, an der man nicht vorbeikommt oder sie spätestens beim Reisen lernen muss. Auf einer Radtour durch Frankreich traf ich 1985 Magnus, einen Isländer, der kein Wort Französisch sprach aber dafür Englisch. Fünf Tage gemeinsames Radeln sorgten immerhin dafür, dass ich mich meiner paar Schulvokabeln erinnerte und meine Scheu zu sprechen verlor. Zwei Jahre später war es dann Ken aus Kanada, der mir in Neuseeland begegnete und sich meines katastrophalen Englischs annahm. Heute kann ich mich ohne Probleme verständigen und weiß mit Sicherheit, dass ich diese Fähigkeit einzig meinen Reisen zu verdanken habe.

Die Kommunikation mit anderen Menschen ist in meinen Augen der ganz große Reiz des Reisens. Es ist die unglaubliche Möglichkeit, mit Menschen anderer Kulturen in Kontakt zu kommen. Und damit meine ich nicht ausschließlich die Kultur des bereisten Landes, sondern auch die Kulturen, die von anderen Reisenden an uns herangetragen werden. Eine Möglichkeit, die es gewöhnlich im Alltag kaum gibt. Die sich daraus ergebenden Erfahrungen und Erkenntnisse öffnen die eigenen nationalen Scheuklappen. Vorurteile, wie wir sie alle in uns tragen, werden durch diese Begegnungen hinterfragt, manchmal bestätigt, aber zumeist abgebaut.

Ein weiterer positiver Aspekt bei Reisebekanntschaften ist die Tatsache, dass man vor dem Zusammentreffen keinerlei Berührungspunkte hatte. Diese fehlenden sozialen Verbindungen führen oft dazu, dass sich die Reisenden in einer Geschwindigkeit bereit sind zu öffnen, die berauschend ist. Innerhalb kürzester Zeit ist man in Gespräche vertieft, die man zu Hause in dieser Form, wenn überhaupt nur im engsten Freundeskreis führen würde. Neben der positiven Grundstimmung, die man im Urlaub in sich trägt, beflügelt auch die gegenseitige Anonymität die Kommunikation. Man muss nicht befürchten, dass irgendwelche Äußerungen am Ende doch bei der "falschen" Person landen könnten. Auch die Tatsache, dass die Gesprächspartner total unvoreingenommen aufeinander zugehen können, entspannt enorm.

Neben diesem Kommunikationsvorteil ist es in erster Linie die ausgeprägte Flexibilität, die den Reiz einer Soloreise ausmacht. Ob es der Wunsch ist, an einem Ort länger zu verweilen oder die Wahl des Transportmittels. Alle erdenklichen Fragen muss ich nur mit mir selbst klären. Dies mag sich nach großer Einsamkeit anhören. Ist es aber nicht. Immer wieder ergibt sich die Möglichkeit, sich mit anderen Reisenden zusammenzutun und Teile oder Großteile der Reise gemeinsam zu verbringen. Je nach Destination fällt dies leichter oder schwerer. Wer wie ich damals in Patagonien alleine mit dem Rad unterwegs ist, muss damit rechnen, auch größtenteils alleine zu bleiben. Wer allerdings mit dem Rucksack in Thailand, Australien oder Neuseeland unterwegs ist, um nur einige Länder zu nennen, muss im Zweifelsfalle keinen einzigen Tag alleine verbringen, vorausgesetzt man nutzt beliebte Unterkünfte oder Restaurants. Das ist wiederum der Vorteil am *Lonely Planet*-Reiseführer (siehe hierzu „**Vorbereitung Reiseführer**"). Seine Beliebtheit kann man nutzen, um andere Reisende sowohl zu meiden als auch zu finden.

An dieser Stelle muss man fairerweise auch auf das Alter des/der Reisenden zu sprechen kommen. Junge Soloreisende haben es meist leichter Anschluss zu finden, da, bedingt durch mehr Freizeit, viel mehr Menschen im Alter von 18-30 Jahren unterwegs sind. In diesem Alter begibt man sich gerne auf längere Reisen. Zeiträume zwischen 2 und 12 Monaten sind weniger die Ausnahme als vielmehr die Regel. Ob vor, während oder nach dem Studium oder Ausbildung, in diesem Lebensabschnitt nutzen viele junge Leute ihre zeitliche Flexibilität. Sie suchen sich meist günstig zu bereisende Länder, um mit ihren beschränkten finanziellen Mitteln möglichst lange unterwegs sein zu können, bzw. jobben während ihrer Reisen, um ihre Reisekassen wieder aufzufüllen. Wenn sich Reisende dieses Alters nicht ausgerechnet das schon häufiger zitierte Patagonien mit dem Rad erobern wollen, sollten sie (mit dem „*Lonely Planet*" als Reiseführer im Gepäck) keine Schwierigkeiten haben, jederzeit Anschluss zu finden.

Etwas eingeschränkter gestaltet es sich für reifere Jahrgänge. Familien- und berufsbedingt sind zwar nicht so viele Reisende in der Altersgruppe 30 plus lange unterwegs, Auslandsaufenthalte von 2-6 Wochen richten sich jedoch immer noch viele Leute ein. Eine Trennung bzw. Zusammenführung der unterschiedlichen Altersgruppen funktioniert meist über die Finanzen quasi von alleine. Während die Altersklasse zwischen 18 und 30 mehr Zeit als Geld zur Verfügung hat, verhält es sich bei der Altersklasse 30 plus gerade umgekehrt. Auch wird in dieser Altersklasse mehr Wert auf Komfort gelegt. Dies führt dazu, dass eine Trennung gewöhnlich über die Art der Unterkünfte, Restaurants und gewählte Verkehrsmittel stattfindet. Aber schon die Auswahl der Reiseziele gibt Aufschluss auf die zu erwartenden Mitreisenden. So sind Reiseziele, deren Erreichbarkeit bereits mit hohen Kosten verbunden ist, bei Low-Budget-Touristen wenig gefragt. Ebenso jene Destinationen, die vor Ort über eingeschränkte öffentliche Verkehrsmittel verfügen oder allgemein mit verhältnismäßig hohen Lebenshaltungskosten aufwarten.

Zusammenfassend kann festgehalten werden, dass der Charakter einer Reise sich ändert, wenn man sich als Einzelperson auf den Weg macht. Ich habe versucht, die maßgeblichen Vor- und Nachteile aufzuzeigen, um denjenigen von Ihnen, die mit dem Gedanken spielen, die Sorge vor Vereinsamung zu nehmen.

Wahl des Fortbewegungsmittels

Die Möglichkeiten sind so vielfältig wie die persönlichen Gründe, sich für das eine oder andere Fortbewegungsmittel zu entscheiden. Aus diesem Grund möchte ich hier nur die allgemeingültigen Konsequenzen, die sich aus der einen oder anderen Wahl ergeben, darstellen.
Reist man mit eigenem Fahrzeug, sei es ein Zweirad, Auto oder Wohnmobil, so ist man in der Lage, sich von festen Fahrzeiten der öffentlichen Verkehrsmittel unabhängig zu machen. Die Konsequenz sind verständlicherweise höhere Reisekosten (das eigene Fahrrad einmal unberücksichtigt gelassen). Dafür ist man wesentlich flexibler im Hinblick auf das Reisegepäck. Plant man zu campen und sich selbst zu verpflegen, kommen schnell 10-15 kg an zusätzlichem Gewicht hinzu. Gepäck, das man gerne im Auto verstaut, aber ungern zusätzlich tragen möchte. Folglich wird das Reiseziel darüber entscheiden, ob ein eigenes Fahrzeug sinnvoll ist. Hierfür gibt es eine einfache Faustregel. Je naturorientierter die Reise ist, umso sinnvoller ein eigenes Fahrzeug.
Bei meiner ersten USA-Reise habe ich den Fehler gemacht und bin in 2 Wochen mit einem Bus von New York nach Florida gereist, wobei ich mich denkbar unwohl fühlte. Die Busse halten nur in den Städten und diese haben, zumindest für Europäer, meist wenig zu bieten. Zu den Naturparks und den Campingplätzen fahren keine öffentlichen Verkehrsmittel. Während der gleichen Reise bin ich dann noch in den Genuss eines eigenen Fahrzeugs gekommen und konnte erst dadurch die Vorzüge der USA als Reiseland kennen und schließlich auch lieben lernen.
Länder also, die man in erster Linie der Natur wegen besucht, eventuell sogar mit der Absicht zu zelten, sollten, wenn es die Reisekasse erlaubt, mit dem eigenen (Miet-) Fahrzeug bereist werden.
Hierzu zählen die USA, Canada, Argentinien, Chile, Australien, Neuseeland, Südafrika und Namibia.

Abgesehen von Europa sind dies auch die Länder, in denen die Bewohner selbst mit eigenem Fahrzeug unterwegs sind. Entsprechend gut und sicher ist die Verkehrslage.
Im Gegensatz dazu sind Süd- und Südostasien sowie Mexico, Zentral-Amerika sowie der Nordwesten Südamerikas Regionen, in denen man vorzugsweise auf öffentliche Verkehrsmittel umsteigen sollte. Der Grund ist einfach. In diesen Ländern gibt es wenig bis gar keine Outdoor-Kultur der Einheimischen und dem zur Folge fehlt die dazu gehörige Infrastruktur.
Einem Laoten wird es nicht einfallen, in seinen Wäldern wandern zu gehen, folglich gibt es keine Pfade, die zu diesem Zweck errichtet worden wären. Eine schonende Forstwirtschaft, mit daraus resultierendem Wegenetz, ist ebenfalls unbekannt. Hat sich eine touristische Attraktion entwickelt, ist diese dann immer auch mit öffentlichen Verkehrsmitteln erreichbar. In diesen Ländern gibt es kaum nicht gewerblich genutzte Fahrzeuge. Somit ist auch die einheimische Bevölkerung auf die öffentlichen Verkehrsmittel angewiesen.
Daraus resultieren sehr günstige Beförderungspreise sowie eine hohe Frequenz bei den Verbindungen. Auch haben die Langstreckenbusse oft einen überraschend hohen Standard.
Als Faustregel kann man sagen, je kürzer die Verbindungen, je abenteuerlicher das Gefährt.
Die "local buses" sind vorwiegend von Einheimischen genutzte Busse, die Kurz-, aber auch Langstrecken bedienen. Die mit ihnen verknüpfte Besonderheit ist, dass der Gast ein- und aussteigen kann wo er möchte. Bezahlt wird während der Fahrt beim Fahrer oder dessen Begleiter. Wie man sich denken kann, gibt es vielleicht noch feste Abfahrtszeiten am Ausgangspunkt, für die Ankunftszeit am Zielort jedoch bestenfalls Hochrechnungen. Für die einen sind diese Verbindungen notwendiges Übel, für die anderen ein Riesenspaß. Im Idealfall kann man die Kultur eines Landes in diesen Bussen in einer Art Mikrokosmos erleben. Im Falle von Latein-

amerika häufig mit der passenden musikalischen Begleitung aus dem CD-Player.
Ich erinnere mich heute noch gerne an die letzten Stunden einer halbtägigen Busfahrt von Caracas nach Coro in Venezuela.
Draußen zog die Landschaft im schönsten Licht der Dämmerung vorbei. Die Fenster waren sämtlich geöffnet und eine angenehme Brise wehte durch den Bus. Alle Insassen schliefen oder sinnierten zumindest im Halbschlaf vor sich hin und die ganze Situation wurde untermalt von karibischen Rhythmen. Ich hätte die ganze Nacht durchfahren können, so wunderbar war die Atmosphäre.
Die Verpflegung während der Busfahrten ist immer gesichert, da fliegende Händler die Insassen bei jedem Stopp versorgen. Problematischer ist es mit den Toilettengängen. Es gibt Busse, die eine Toilette an Bord haben. Bei den oft schlechten Straßenzuständen ist die Benutzung allerdings eine nicht zu unterschätzende akrobatische Herausforderung. In aller Regel hält der Busfahrer alle paar Stunden an, um selbst auf Toilette zu gehen oder Mahlzeiten zu sich zu nehmen.
Wenn also eine längere Fahrt mit öffentlichen Verkehrsmitteln ansteht, sollte man versuchen, seinen Getränkekonsum (insbesondere Kaffee) vor Fahrtantritt zurückzuschrauben. Während der Fahrt sollte Wasser am besten in homöopathischen Dosen zu sich genommen werden, da die oft schlechten Straßenverhältnisse eine zu volle Blase in ständige Alarmbereitschaft versetzen würden.
In Bezug auf die Benutzung öffentlicher Verkehrsmittel darf natürlich das Thema Sicherheit nicht fehlen. Der Straßenverkehr stellt mit Abstand die größte Gefahr für Reisende dar. Selbst wenn man sich nicht aktiv dem motorisierten Verkehr aussetzt, so wird man ihm als Fußgänger kaum entkommen können. Um zu erahnen, welche Widrigkeiten zu erwarten sind, hilft es, den Verkehr europäischer Länder miteinander zu vergleichen.

Während der deutsche Autofahrer soweit konditioniert ist, eine Vollbremsung zu absolvieren, sobald sich ein Kinderwagen einem Zebrastreifen nähert, würden in weiten Teilen Südeuropas vergleichbare Situationen zu großen Verlusten führen. Während jene Länder, die ich für das Bereisen mit einem Mietfahrzeug in Betracht gezogen habe, keine größeren Überraschungen vorhalten, sieht es mit den Ländern in Süd- und Südostasien anders aus. Der Verkehr dort unterscheidet sich so dramatisch von dem unsrigen, dass der Versuch einer Teilnahme zwar als heroisch, im gleichen Atemzug jedoch auch als suizidwütig zu bezeichnen ist.
Um ein europäisches Beispiel zu nennen: Wer bei dem Gedanken, mit dem eigenen Fahrzeug den Arc de Triomphe in Paris auf der inneren Fahrbahn zu umrunden, um anschließend die richtige Ausfahrt zu erwischen, nur Spaß und Herausforderung empfindet, kann über einen Versuch, am Verkehr teilzunehmen, nachdenken. Allen anderen ist in den öffentlichen Verkehrsmitteln genügend Nervenkitzel garantiert.

Die Hupe wird bei uns üblicherweise verwendet, um Ärger kundzutun, seltener um auf Gefahren aufmerksam zu machen. Im Grunde spielt die Hupe aber keine größere Rolle in unserem Straßenverkehr. Anders stellt es sich in Süd- oder Südostasien dar. Hier ist die Hupe ein allgemein akzeptiertes Kommunikationsmittel und eine defekte Hupe wahrscheinlich der einzig anerkannte Grund, das Fahrzeug sofort aus dem Verkehr zu ziehen. Was ich hier etwas spaßig formuliere, ist durchaus ernst gemeint. Die Einheimischen sind es gewohnt, sich ständig per Hupsignal zu warnen. Sei es aufgrund eines bevorstehenden Überholmanövers oder im Hinblick auf Passanten in Fahrbahnnähe. Jede Aktion eines Verkehrsteilnehmers wird akustisch eingeleitet. Würde man sich als aktiver Verkehrsteilnehmer nicht selbst daran beteiligen, wäre ein Unfall in kürzester Zeit vorprogrammiert.
Mein beeindruckendstes Erlebnis in dieser Hinsicht war ein indischer Bus, der über einen "Hup-Pfosten" verfügte, eine

Art zweiten Schaltknüppel mit sechs verschiedenen Hupknöpfen. Für jede Situation war das gewünschte Signal per Knopfdruck abrufbar. Von der tiefen, alles durchdringenden "Achtung-Bahnfrei-Hier-komm-Ich-Hupe", über eine geflötete Melodie für mögliche Spielgefährtinnen, bis zum zackigen Gruß an Bekannte, er traf garantiert immer den richtigen Ton.

Das Recht des Stärkeren ist das Gesetz, das sich aufgrund der fehlenden Haftpflicht-Versicherung etabliert. Mit stärker ist gemeint größer und schwerer, also die optisch erscheinende Masse eines Fahrzeugs. Das physikalische Gesetz der Trägheit der Masse wird hier zu real angewendetem Straßenverkehrsgesetz.
Auch wenn es für uns nur schwer nachvollziehbar ist, ergibt sich dadurch eine eindeutige Vorfahrtsregelung. Ganz oben auf der Rangliste stehen die schweren LKWs und Busse, ganz unten die Fußgänger und Hunde.
Probleme treten eigentlich immer nur dann auf, wenn der Stärkere nicht eindeutig bestimmt werden kann. Dann wird meist gepokert, einem der beiden Beteiligten werden schon die Nerven versagen und er wird hoffentlich rechtzeitig nachgeben.

In vielen der hier aufgeführten Reiseländer wird prinzipiell immer überholt, sofern der Motor und/oder die äußere Erscheinung dazu geeignet sind. Hier kommt das Recht des Stärkeren voll zur Geltung. Überholt werden kann umso besser, je mehr Masse man hat. Scheint für unser Verständnis ein Widerspruch zu sein, ist es aber nicht. Nur wer über genügend Masse verfügt, kann sich getrost in den Gegenverkehr begeben. Dieser wird, vorausgesetzt der Fahrer sieht ein, dass er über weniger Masse verfügt, Ausweichmanöver starten. Diese Ausweichmanöver orientieren sich zum unbefestigten Seitenstreifen hin, der von Fußgängern, Radfahrern und Haustieren aller Art genutzt wird. Diese wiederum, wohl wissend, dass sie weniger Masse als der ausweichende PKW

besitzen, flüchten sich dann in den Graben (falls vorhanden) oder lösen sich am besten gleich in Luft auf. Dies hört sich dramatischer an als es letztlich ist.
Alles ist in diesen Ländern im Fluss. Die Fußgänger haben im Gespür, ob ein PKW aufgrund der beschriebenen Situation gezwungen ist auszuweichen und räumen das Feld, ohne sich in ihrer Unterhaltung mit ihrem Wegbegleiter unterbrechen zu lassen. Auch hier spielt das beschriebene Kommunikationsmittel der Hupe eine entscheidende Rolle. Der Gegenverkehr wird lautstark darüber in Kenntnis gesetzt, dass er die Bahn frei zu machen hat, der wiederum stimmt die Seitenstreifennutzer seinerseits auf das bevorstehende Ausweichmanöver ein. Keiner regt sich auf, ein ganz normaler Überholvorgang. Die abenteuerlichste Praxis habe ich diesbezüglich wieder einmal in Indien erlebt. Hier überholen die LKWs und Busse auch in der Dunkelheit in nicht einsichtigen Kurvenbereichen. Die Absicht wird zuvor mit einem die Kurve lautstark durchdringendem Hupsignal angekündigt. Kommt nicht ein ebensolches zurück, wird der Überholvorgang durchgezogen. Gegenverkehr wird mit spontanen und kreativen Ausweichmanövern begegnet. Ein Spiel, für das man als Passagier starke Nerven, einen guten Schlaf oder den Glauben an Gott braucht. Apropos, Vertrauen in Gott.
Während der frühen Morgenstunden in Mexikos winterlichem Hochland war ich mit dem Bus unterwegs. Ich saß in der hintersten Bank und genoss anfangs die Fahrt durch die Dämmerung. Es war eine breite Straße mit lang gezogenen Kurven. Dem Busfahrer schien es einen großen Spaß zu machen, das Maximale aus seinem Gefährt herauszuholen. Da die ersten Sonnenstrahlen noch nicht in jede Kurve vorgedrungen waren, gab es noch einige mit Raureif auf der Fahrbahn. Das Gefühl werde ich nicht vergessen. In jeder dieser Kurven brach das Heck des Busses aus. Seltsamerweise nicht viel, aber die Achse verschob sich doch spürbar und optisch aus der Fahrrichtung heraus. Nachdem die Straße die Nullgradgrenze endlich in Gänze überschritten hatte, entspannte

ich mich langsam wieder und entdeckte neben dem Fahrer folgendes Schild: Dios es mi copiloto - Gott ist mein Beifahrer.

Das Überqueren einer Straße als Fußgänger ist wohl das Thema, mit dem der Reisende am häufigsten konfrontiert sein dürfte. Der Grund der Problematik liegt in den nicht vorhandenen Fußgängerübergängen. Fußgängerampeln sind in der Regel unbekannt und im günstigsten Fall kann man sich an den Ampeln für die Autofahrer orientieren. Hier gilt es, sich die landesüblichen Techniken anzueignen. Um diese zu erlernen, schließt man sich zu Beginn sinnvollerweise den Einheimischen an. Aber Obacht! Nicht einfach hinterherdackeln, sondern möglichst auf gleicher Höhe bleiben. Bestenfalls leicht versetzt den Bewegungen seines auserkorenen Lehrers folgen.
Das System ist in all den Ländern meist das gleiche. Es gilt, den motorisierten aber auch Rad fahrenden Verkehrsteilnehmern eine Chance zu geben, auf unser Bedürfnis der Straßenquerung zu reagieren. Dies beinhaltet keine hektischen oder schnellen Bewegungen. Nachdem man eine kleine Lücke im Verkehrsfluss als Startzeitpunkt auserkoren hat, geht man gemächlichen Schrittes langsam weiter und schaut dabei immer in Richtung des anbrausenden Verkehrs, um die Aufmerksamkeit auf sich zu ziehen. Es ist durchaus möglich, dass man auch mal für kurze Zeit in der Mitte der Strecke stehen bleibt und Fahrzeuge passieren lässt. Der Verkehr wird sehr nahe an Ihnen vorbeifließen, aber eben vorbei und nicht drüber.
Ich erinnere mich, dass ich nach einem 3-monatigen Indienaufenthalt diese Methode der Straßenquerung so verinnerlicht hatte, dass ich sie am ersten Tag unbewusst auf die Straßen Frankfurts übertrug. Ich werde das entsetzte Gesicht der Autofahrerin nicht vergessen, die mir mit einer heftigen Lenkbewegung auswich. Im Gegensatz zu mir war sie die "Distanzlosigkeit" zwischen Fußgänger und Fahrzeug nicht gewöhnt.

Kurzum, den Verkehr in diesen Teilen der Welt zu beobachten und zu verstehen, war für mich schon immer ein ganz großer Reiz. Was für uns den Anschein von chaotischen Verhältnissen hat, ist in Wirklichkeit eine sehr effektive und kreative Art, sich in einem System zu bewegen, das keine Haft-Pflicht-Versicherung kennt. Ich muss allerdings gestehen, obwohl ich mich als recht experimentierfreudigen Zeitgenossen begreife, habe ich die Wahl des öffentlichen Verkehrsmittels immer bevorzugt. Neben dem erwähnten Sicherheitsaspekt garantiert es im wahrsten Sinne des Wortes ein hautnahes Erleben der jeweiligen Kultur, mit Eindrücken, die sonst kaum zu erfahren sind. Darüber hinaus ist es sehr viel ökonomischer, da die öffentlichen Verkehrsmittel für unsere Verhältnisse finanziell kaum zu Buche schlagen.

In einigen Ländern kann es durchaus sinnvoll sein, auf Inlandsflüge zurückzugreifen. Entweder weil die Entfernungen im Land zu groß oder die Straßen- bzw. Zugverbindungen nur unzureichend vorhanden sind. Die Kosten hierfür halten sich meist in Grenzen, insbesondere wenn man bedenkt, wie viele Stunden bzw. Tage an Busfahrten eingespart werden können (siehe hierzu „**Flüge & Co. über das Internet buchen**").

Auf das Thema Radreisen möchte ich in einem gesonderten Kapitel eingehen. Ein Rad für Tagesausflüge kann oft vor Ort, nicht selten von der eigenen Unterkunft aus organisiert werden und ist, wenn es die Verkehrslage zulässt, unbedingt empfehlenswert. Mit dem Rad ist man in der Lage, wesentlich größere Entfernungen zurückzulegen als zu Fuß. Man kann Gegenden erkunden, die weder in der Kürze der Zeit zu Fuß noch mit öffentlichen Verkehrsmitteln erreichbar sind. Man wird von der einheimischen Bevölkerung wohlwollender aufgenommen, da man auf die für Touristen üblichen Fortbewegungsmittel verzichtet.

Die Möglichkeit, sich zu Fuß fortzubewegen wird meist nur temporär in Form von Tages- oder Mehrtageswanderungen genutzt. Allerdings gibt es auch klassische Trekkinggebiete wie den Himalaya. Ein Aufenthalt beispielsweise in Nepal, kann ohne Probleme bis auf die Anreise zum Ausgangspunkt ausschließlich zu Fuß gestaltet werden (siehe hierzu „**Trekking in Nepal**").

Die Vorbereitung mit Hilfe des Reiseführers

Der Reiseführer in Buchform existiert seit gut 200 Jahren. Allerdings waren diese Bücher für die Praxis des Reisealltags lange Zeit nicht zu gebrauchen, da sie in erster Linie auf die Kulturschätze eines Landes eingingen. Das für Individualreisen nötige Wissen um die Infrastruktur musste vom Reisenden selbst erkundet werden. Damit war Reisen in fernen Regionen ein sehr zeit- und kostenintensives Unterfangen, das nur wenigen Menschen vergönnt war.
Dies änderte sich im Grunde erst im Zuge der Hippie-Bewegung in den 70er Jahren. Indien wurde aufgrund seiner Kultur zum großen Anziehungspunkt. So wurden damals die ersten praktischen Informationen für die Nutzung des Landwegs zu Papier gebracht. Zuerst wohl nur als Kopien verbreitet, wenig später dann in Buchform veröffentlicht. Diese praktischen Informationen beinhalteten all jene Angaben, die damals nur durch Selbsterfahrung zusammengetragen werden konnten. Wo übernachten, wo essen, wo gibt es Benzin, wie komme ich über die Grenze usw. Aus diesen ersten Kopien haben sich also die heutigen praktischen Reiseführer entwickelt. Wenn sie gut recherchiert und halbwegs aktuell sind, nehmen sie den Reisenden „an die Hand" und bringen ihn sicher durch das Land. Die Bücher geben Auskunft darüber, wo man übernachten kann, wo man was zu essen bekommt, aber auch von wo der Bus am nächsten Tag losfährt, was er kostet und oft sogar wann er abfährt und ankommt. Kurzum, diese Reiseführer sind die beste Versicherung dafür, dass die Reise zumindest organisatorisch ein Erfolg werden kann. Sie sind sozusagen das Reisewerkzeug. Es liegt an einem selbst, mit diesem Werkzeug ein gutes Produkt, nämlich eine gute Reise zu gestalten.
Der Kauf eines Reiseführers ist spätestens dann unumgänglich, wenn man sich für ein Reiseland entschieden hat. Aber auch als Entscheidungshilfe für eine Zielfindung kann er sehr nützlich sein.

Die Auswahl an Reiseführern ist vielfältig und "den Besten" gibt es nicht. Wenn man noch nichts mit einem Reiseführer in Buchformat zu tun hatte (z.B. *Lonely Planet, Stefan Loose, Reise Know-How* etc.) sollte man folgendermaßen vorgehen. Nehmen Sie alle Reiseführer, die Sie passend zu Ihrem Zielort in der Buchhandlung Ihrer Wahl finden können, aus dem Regal und suchen Sie sich ein bequemes Plätzchen. Um eine gewisse Auswahl an Büchern vorzufinden, sollten Sie möglichst große oder Fachbuchhandlungen aufsuchen. Einige der großen Outdoor-Ausrüstergeschäfte unterhalten ebenfalls Reisebuchabteilungen.
Grob lässt sich zwischen zwei Typen von Reiseführern unterscheiden. Die einen legen ihren Schwerpunkt auf die kulturellen Aspekte mit einem relativ hohen Bildanteil und guter (schwerer) Papierqualität.
Die anderen sind in erster Linie praktische Reiseführer, in denen der kulturelle Teil stark verkürzt abgehandelt wird. Möchte man sich hinsichtlich Infrastruktur und Unterkunft flexibel im Land bewegen, wird man an einem praxisorientierten Reiseführer ohnehin nicht vorbei kommen. Diesen kann man bei detaillierterem Kulturinteresse dann noch um ein anderes Exemplar ergänzen.
Ich persönlich reise immer nur mit einem der Praxis-Führer, da sie meine kulturelle Neugierde meist ausreichend befriedigen.
Auf diese möchte ich mich in diesem Kapitel beschränken, da sie das nötige „Werkzeug" liefern, um eine Individualreise erfolgreich zu bestreiten.
Die Trennung der beiden Typen ist denkbar einfach. All jene Bücher mit viel Bildanteil, unpraktischem Format, hohem Gewicht und überdurchschnittlichen Kulturteil sind als Appetitanreger oder Themenvertiefung nicht zu unterschätzen, als Begleiter für den Reisealltag und zur Planung aber weitestgehend unbrauchbar.
Nachdem ich die beiden Typen getrennt habe, versuche ich im nächsten Schritt, eine Reihenfolge in Sachen Aktualität

herzustellen. Obwohl die Tauglichkeit dieser Reiseführer in erster Linie von dem Zeitraum abhängt, in dem sie recherchiert wurden, wird man keinem Reiseführer begegnen, bei dem diese Jahresangabe bereits auf dem Umschlag zu finden ist. Meist verstecken die Verlage diese wichtige Information irgendwo auf den letzten Seiten.

Da man immer ein weiteres Jahr von der angegebenen Jahreszahl für Recherche, Überarbeitung und Print abziehen muss, wird man feststellen, dass einige der Reiseführer verdächtig veraltet sind. Dies betrifft zwar nicht die Kapitel über Landesgeschichte und Sehenswürdigkeiten, jedoch Verkehrsverbindungen, Unterkünfte, Restaurants und Angebote vor Ort. So ist es ohne weiteres möglich, mit einem 6 Jahre alten Reiseführer durch Australien zu reisen, ohne übermäßig viele Enttäuschungen zu erfahren, für einen Vietnam-Reiseführer wäre dieser bereits alt und im Falle eines Myanmar-Reiseführers nicht mehr der Rede wert.

Kurz: Je weniger ein Land touristisch entwickelt ist, umso wichtiger ist es, aktuelle Reiseführer einzusetzen. Nicht umsonst versuchen die großen Reiseführer-Verlage spätestens alle 2 Jahre ihre Bücher zu überarbeiten und wenigstens wieder als "Update" auf den Markt zu bringen.

Haben Sie die Reiseführer in eine chronologische Reihenfolge gebracht, geht es an das Layout. Blättern Sie die einzelnen Bücher unbefangen durch und schauen Sie, ob irgendetwas negativ aufstößt. Bilder sind als „Appetitanreger" schön (sofern von irgendeinem fotografischen oder inhaltlichen Wert), machen den Reiseführer jedoch auch schwer.

Manche Reiseführer setzen auf ansprechende Fotos, die aber dann auch wochenlang durch das Land geschleppt werden wollen. Andere liefern Fotos mit äußerst fragwürdiger Qualität und Bildaussage, dass bei mir wenig Interesse aufkommt, die Orte überhaupt zu besuchen. Nur sehr wenige Reiseführer beherrschen die Gradwanderung wenige aber ansprechende Fotos als Appetitanreger anzubieten. Immer in

Erinnerung behalten, Fotos kann ich mir vorab auch im Internet oder in Bildbänden im Buchgeschäft anschauen.
Als nächstes gilt es zu überprüfen, wie man mit dem Layout zurechtkommt. Sind die Seiten klar gegliedert oder verwirren zu viele Farben und Schrifttypen? Ist die Schrift gut lesbar? Manche Schrift ist so klein gehalten, dass es spätestens während einer schaukelnden Busfahrt unleserlich wird. Manchem Verlag ist es auf der Suche nach einem neuen Layout gelungen, dunkler Schrift auf hellem Grund ihre Jahrhunderte alte Berechtigung zu entziehen. Stattdessen wird z.B. auf hellblaue Schrift auf grauen Grund gesetzt. Schon bei normalen Lichtverhältnissen eine Zumutung. Viele der Reiseführer sind mir durch ihr Layout zu unruhig. Aber dies ist eine rein subjektive Empfindung, also bitte selbst hinterfragen.
Prüfen Sie als nächstes den Reiseführer auf Alltagstauglichkeit. Versuchen Sie ein Hotel oder Restaurant in einer bestimmten Stadt zu finden. Manche Bücher trennen Ortsbeschreibungen von den jeweils dazu gehörigen Unterkünften, Restaurants und Verkehrsmitteln, eine äußerst nervende Variante, wie ich finde, da man ständig am blättern ist. Schauen Sie sich in diesem Zusammenhang die ebenfalls abgedruckten Stadtpläne an. Die Unterkünfte und Restaurants müssen entweder so beschrieben sein, dass Sie diese mit Hilfe der Karte finden. Die Qualität von Karten und deren Legenden ist im Falle von Reiseführern auf keinen Fall zu unterschätzen. Im Idealfall können Sie Ihre Route auf solch einer Karte verfolgen und mit Hilfe der abgedruckten Stadtpläne sollten Sie in die Lage versetzt werden, von Ihrem Hotel zum gewählten Restaurant oder auch zum Busbahnhof zu finden. Irgendwann wird unser Smartphone diese Aufgaben überall in der Welt übernehmen, noch sind Reiseführer mit gut gestalteten Karten und Stadtplänen die Garantie, sich in einem fremden Land zurechtzufinden.
Des Weiteren sollten die Unterkünfte in den Reiseführern mit einer Telefonnummer und, mit der Email-Adresse verse-

hen sein, um auch vorab eine Verfügbarkeit abfagen zu können.

Nach dieser Überprüfung bleiben in aller Regel nur 1-3 Reiseführer für eine engere Auswahl übrig.

Jetzt suchen Sie sich ein Thema, das Ihnen besonders am Herzen liegt. Dies kann eine Stadt sein, eine Sehenswürdigkeit oder ein Naturpark. Vergleichen Sie in den verbleibenden Reiseführern diesen einen Abschnitt und schauen Sie, welcher Reiseführer Ihrer Meinung nach mit der zu beschreibenden Örtlichkeit am besten umgeht. Vergessen Sie nicht, ggf. auch die Informationen in Hinblick auf Erreichbarkeit mit öffentlichen Verkehrsmitteln, Öffnungszeiten, Eintrittspreise etc. zu vergleichen.

Beim ersten Mal kann diese Recherche schnell 2-3 Stunden in Anspruch nehmen, aber sehen Sie es weniger als notwendiges Übel denn als Appetitanreger für die Reise.

Der Preis des Buches ist das Letzte auf was ich achte, er ist in meinen Augen unbedeutend. Die Preise für diese Reiseführer liegen je nach Land oder Region zwischen 15 und 30 Euro. Vergleicht man die Reiseführer für ein Land, liegen die Preise selten mehr als ein paar Euro auseinander. Der Reiseführer begleitet Sie für die Länge Ihrer Reise tagtäglich, und vorher beschäftigen Sie sich bereits ausführlich mit ihm. Seine Qualität kann sehr entscheidend dafür sein, wie gut die Reise wird. Ich würde heute nicht einen Moment zögern, mir einen weiteren Reiseführer zuzulegen, wenn ich merke, dass meine erste Wahl doch nicht die richtige war.

Eine Reise ist immer verbunden mit einer großen finanziellen Ausgabe. Bei Reisekosten von 1000-5000 Euro sollte es am passenden Reiseführer nicht fehlen, sogar dann, wenn man ihn erst beim 3. Anlauf bekommt.

Für diejenigen von Ihnen, die diesen zeitlichen Aufwand nicht betreiben möchten, gibt es selbstverständlich die Leserbewertungen bei *Amazon*. Hier schauen Sie sich exemplarisch einige Bewertungen an und vertrauen auf die Erfahrungen der Käufer.

Flüge & Co. über das Internet buchen

Internationale Flüge:
Für einen ersten Überblick nutze ich immer einen der drei Anbieter *Expedia* (www.expedia.de), *Opodo* (www.opodo.de) oder auch *STA-Travel* (www.statravel.de).
Einfach Abflughafen, Zielflughafen und Reisezeit eintragen und wenige Sekunden später erhält man einen Überblick aller in Frage kommenden Fluggesellschaften mit den dazu gehörigen Tarifen und Flugzeiten.
Man hat die Möglichkeit, die Suche über einen Filter einzugrenzen (z.B. Anzahl der Stopps bis zum Ziel u. ä.). Um den jeweils günstigsten Flug zur gewählten Zeit angezeigt zu bekommen, reichen die Voreinstellungen aus.
Die Angebote der verschiedenen Anbieter für den gleichen Flug können variieren, weshalb ein Quervergleich lohnt. Auch haben einige Anbieter ggf. Flüge einer Gesellschaft in ihrem Programm, die bei den anderen nicht auftauchen.
Sollten die gleichen Flüge (gleiche Flugnummer) bei einem Internet-Anbieter mit verschiedenen Preisen auftauchen, so liegt dies daran, dass es sich um unterschiedliche Tarife handelt.
Die Sitzplätze der Economy-Klasse sind in eine Vielzahl von Tarifklassen unterteilt.
Auf welche Tarifklassen Sie zugreifen können, richtet sich z.B. danach, wie weit im Voraus Sie einen Flug buchen oder ob und für wie viel Geld ein Ticket umgebucht oder storniert werden kann. Am Ende kann es zu folgenden Kuriositäten führen (erlebt 2011 auf dem Flug von Frankfurt nach Bogotá). Ich war stolzer Besitzer eines 490.- Euro günstigen Return-Tickets. Es war der Einführungspreis von Lufthansa, die einen täglichen Flug nach Kolumbien neu etablierte. Dieser Preis war ein halbes Jahr vor dem Flugdatum für wenige Tage erhältlich gewesen. Neben mir saß ein Herr, der für den gleichen Flug knapp 1500 Euro ausgegeben hatte.

So unübersichtlich der Tarif-Dschungel auch sein mag, angezeigt werden immer nur die momentan zur Verfügung stehenden Tarife. Vergleicht man unterschiedliche Tarife eines Fluges so liegt es meist nur daran, ob umgebucht oder ganz storniert werden kann und zu welchen Konditionen. Je höher der Tarif (bei gleicher Flugnummer), je flexibler kann das Ticket gehandhabt werden. Um einen persönlichen Krankheitsfall, Arbeitslosigkeit o.ä. abzudecken, reicht der Abschluss einer Reiserücktrittsversicherung aus. Das gleiche Ergebnis über eine höhere Tarifgruppe erzielen zu wollen käme wesentlich teurer.

Für die persönliche Tariffindung muss man für sich folgende Fragen beantworten:

- Wie hoch ist die Wahrscheinlichkeit, dass ich gezwungen sein werde, das Reisedatum zu verschieben bzw. die Reise komplett abzusagen?
- Wie sehr würde es mich schmerzen, den eingesetzten Flugpreis abschreiben zu müssen? (Steuern und Gebühren werden immer erstattet)

Wenn man diese Fragen für sich beantwortet hat, so wird man auch in der Lage sein, den richtigen Tarif herauszusuchen. Wer weitere Einsparmöglichkeiten prüfen möchte, kann direkt auf die Webseiten der ermittelten Fluggesellschaften gehen. Nicht selten kommt es vor, dass man noch einmal 50-100 Euro sparen kann, wenn man die Tickets direkt über die jeweilige Fluggesellschaft bucht. Insbesondere Sonderangebote werden auf diesen Seiten leicht erkenntlich dargeboten.

Selbstverständlich können Sie mit Ihrem Anliegen auch ein Reisebüro aufsuchen und sich ihre Flüge dort kaufen, von zu Hause ist es jedoch meist bequemer und rund um die Uhr möglich.

Nationale Flüge:
Schwieriger wird es bei Inlandsflügen im Zielland, die nicht von den international operierenden Fluggesellschaften angeboten werden. Diese tauchen bei den drei genannten Internet-Anbietern meist nicht auf. Hier hilft nur, über den Reiseführer oder das Internet herauszufinden, welche Fluggesellschaften das gewünschte Ziel anfliegen und das Ticket anschließend direkt über die Webseiten dieser Fluggesellschaften zu buchen.

Da diese bisher meist keine elektronischen Tickets ausstellen und auch keine Tickets versenden, muss man diese nach der Ankunft im zuständigen Flughafen- oder Stadtbüro abholen. Alternativ liefern die Fluggesellschaften die Tickets auch an eine Hoteladresse, wo man sie dann in Empfang nehmen kann.

Mit Hilfe des Internets ist man mittlerweile in der Lage, an so ziemlich jedes Ticket zu gelangen, das man für seine Urlaubsplanung benötigt. Man hat quasi ein ganzes Reisebüro direkt im Haus.

Gleiches gilt im Übrigen auch für den vorzeitigen Erwerb von Bus- und Bahntickets. Gerade um die Feiertage wie Weihnachten, Ostern oder uns unbekannte Nationalfeiertage kann es schnell passieren, dass Verbindungen frühzeitig ausgebucht sind. Auch wenn diese Buchungen manchmal mit zusätzliche Gebühren und Aufwand verbunden sind, mag es sich am Ende auszahlen. Leicht kann es passieren, dass man zu solchen Zeiten einen oder mehrere Tage vor Ort „verliert", weil es keine verfügbaren Verbindungen zum gewünschten Ziel gibt.

Gesundheit

Eine Interkontinentalreise stellt immer eine Belastung für den Körper dar. In der Regel ist es mit der Anstrengung des Fluges und der Zeitverschiebung nicht getan, sondern es findet darüber hinaus meist ein Wechsel von Jahreszeit, Klimazone und/oder Temperatur statt. Außerdem ist man als Reisender zahlreichen weniger offensichtlichen Eigenheiten der fremden Umgebung ausgesetzt.

Beginnen wir mit der Belastung durch den Flug. Es gibt Menschen, die während eines Fluges den Umständen entsprechend gut schlafen können. Ein Abflug in den Abendstunden ist für sie erstrebenswert, da sie unterstützt durch die innere Uhr irgendwann einschlafen werden. So werden sie entspannter aus der Maschine steigen als Menschen, denen diese Fähigkeit nicht vergönnt ist. Der übliche Nachtflug von Mitteleuropa nach Südafrika wäre für sie ohne Schwierigkeiten zu bewältigen. Da es auf dieser Strecke keine relevante Zeitverschiebung gibt, ist der erste Urlaubstag meist schon als solcher zu nutzen.

Reisende, die sich aus welchen Gründen auch immer schwer tun mit dem Schlaf an Bord, werden einen Tagesflug (Abflug vormittags) bestimmt eher genießen können. Dies ist selbstverständlich alles recht hypothetisch, da man in der Regel keine große Auswahl an Abflugzeiten haben wird, sofern man gleichzeitig auf den Preis achtet.

Um die Belastung des Fluges auf den Körper gering zu halten, sollte man einige Verhaltensweisen beherzigen. Einer Dehydrierung aufgrund der trockenen und sauerstoffarmen Luft während des Fluges wirkt man mit der Aufnahme an Flüssigkeiten in Form von nicht-alkoholischen Getränken entgegen (mind. 250 ml je Stunde).

Kaffee und Tee sollten nicht dazu gerechnet und Alkohol, wenn überhaupt nur in geringen Mengen konsumiert werden. Der Kabinendruck wird auf eine Höhe von 2000-2500 Metern über NN eingestellt (Grund für Kopfschmerzen).

Gesundheit

Bewegen Sie sich während des Fluges. Das Thrombose-Risiko steigt aufgrund der beengten Sitzsituation in der Economy-Klasse auf Langstreckenflügen deutlich an. Alle 2-3 Stunden sollten Sie sich im Flieger die Beine vertreten und/oder durchblutungsfördernde Übungen am Sitzplatz machen.
Stellen Sie sicher, dass Sie lockere Kleidung tragen und vor allem für eine große Temperaturspanne gerüstet sind. Ich habe auf Flügen gefühlte Temperaturen zwischen 10+30 Grad erlebt. Dies mag sich in realen Temperaturen nur in einer Spanne von 14-26 Grad bewegt haben, hat man jedoch keine Möglichkeit aufzurüsten oder Kleidung abzulegen, kann es äußerst ungemütlich werden. Das Zwiebelsystem hat sich auch hier bewährt. Die Hose lieber dünn wählen, zur Not hilft hier die obligatorisch gereichte Decke. Und lassen Sie sich nicht von Airline-Namen blenden. Meine unangenehmsten Flüge in Sachen Hitze hatte ich mit Lufthansa zu verzeichnen. Auch Reklamationen beim Kabinenpersonal helfen in der Regel nichts, es scheint sich meist um technische Unzulänglichkeiten zu handeln.
Dem unvermeidbaren Jetlag bei Überquerung der Zeitzonen begegnet man am besten mit sofortiger Anpassung an die Verhältnisse des Zielortes. Meist ist man vom Flug so erschöpft, dass die Versuchung groß ist, dem Drang nach Schlaf nachzugeben. Dies sollte man nur dann tun, wenn es vor Ort entsprechend spät ist. Ansonsten versuchen Sie sich durch Aufenthalt im Freien (Tageslicht) so lange wie möglich wach zu halten. Hat man es ganz ungünstig erwischt und kommt nach einem anstrengenden Flug bereits am Vormittag an, kann man versuchen, durch einen kurzen "Powernap" (max. 20-30 Minuten) den persönlichen Tiefpunkt zu überwinden und so bis abends durchzuhalten. Nur mit dieser Maßnahme ist halbwegs gewährleistet, dass Sie die Nacht durchschlafen werden. Gewöhnlich braucht der Körper gefühlte 2-3 Tage, um sich auf ca. 6-9 Stunden Zeitverschiebung einzustellen.

Gerade die Reisen in tropische Regionen während unserer Wintermonate belasten den Körper zusätzlich. Hier sind nicht selten 30-40 Grad Temperarturunterschied wegzustecken. Nimmt man all diese störenden Faktoren zusammen, so verwundert es nicht, dass der Körper etwas Zeit benötigt sich anzupassen. Nicht zuletzt deshalb fällt uns auch die Verarbeitung der neuen Eindrücke merklich schwerer (siehe hierzu *"Keine Angst vor großen Städten"*). Unsere allgemeine Reaktions- und Aufnahmefähigkeit ist eindeutig verlangsamt.

Reist man vom europäischen Winter in die Tropen, ist es sinnvoll, für die ersten Tage einer klimatisierten Unterkunft den Vorzug zu geben. Die Möglichkeit, den Raum kühlen und damit auch entfeuchten zu können, ist zumindest während der Anpassungsphase ein unschätzbarer Vorteil.

Körperliche Anstrengungen sollten besser während der ersten Tage vermieden werden. Geben Sie Ihrem Körper Zeit, sich den neuen Bedingungen anzupassen, er wird es Ihnen danken.

Gesundheitliche Vorsorge vor der Reise

Im Idealfall startet man sowohl physisch als auch psychisch gesund in den Urlaub. Gelingt dies nicht, sollte man sich für die ersten Tage ein Programm zusammenstellen, das dem Erreichen dieses Zustands nicht entgegenwirkt.

Was Impfungen anbelangt, so sollten Sie sicherstellen, dass Sie mindestens über den in Europa notwendigen Basis-Impfschutz verfügen (Tetanus und Diphtherie). Ein Polio-Impfschutz sollte für Reisen nach Afrika und Asien vorhanden sein. Für das Urlaubsland Ihrer Wahl mögen weitere Impfungen empfohlen oder auch obligatorisch sein. Diese Information entnehmen Sie zum Beispiel den Internetseiten des Auswärtigen Amtes oder Ihrem Reiseführer (immer 2 Meinungen einholen). Empfehlenswert ist es allemal, den Impfstatus beim Hausarzt überprüfen zu lassen. Ich persön-

lich halte meinen Impfschutz zusätzlich für Hepatitis A+B sowie Typhus aufrecht.
Immer wieder tauchen Fragen rund um die Malaria auf. In diesem Zusammenhang ist es wichtig, erst einmal in Erfahrung zu bringen, inwiefern die von der Stechmücke „Anopheles" übertragene parasitäre Krankheit für die geplante Reisezeit überhaupt eine Rolle spielt. Da die meisten Reisen in die Tropen in der Trockenzeit durchgeführt werden, ist auch das Malaria-Risiko meist deutlich reduziert. Ferner kommt es durchaus darauf an, wo genau man sich in den Ländern aufhält und für wie lange. Auch ist die Art der übertragbaren Malaria mit darüber entscheidend, ob man sich für oder gegen eine Prophylaxe ausspricht.
Die Reiseführer der einzelnen Länder geben eine Empfehlung ab, die man mit der Empfehlung des deutschen oder schweizerischen Tropeninstituts vergleichen kann (Internet). Wird die Einnahme einer medikamentösen Prophylaxe empfohlen, muss ohnehin der Hausarzt aufgesucht werden, da mit der Einnahme der Mittel vor Abreise begonnen werden muss und diese rezeptpflichtig sind.
Zu Ihrer Beruhigung kann festgestellt werden, dass die wenigsten in diesem Buch propagierten Individualreise-Einstiegsländer von diesem Problem ernsthaft betroffen sind. Im Grunde sind es ausschließlich die südostasiatischen Länder wie Thailand, Vietnam und Laos, die sich ein moderates Malaria-Risiko teilen. Aber selbst für diese Länder empfiehlt die Weltgesundheitsorganisation (2012) nur die Mitnahme eines Notfallmedikaments das bei auftretenden Symptomen eingenommen werden sollte. Bewegt man sich in den normalen touristischen Gebieten, so kann man meines Erachtens darauf verzichten.
Die Ärzte vor Ort kennen sich mit Malaria in der Regel bedeutend besser aus als unsere Ärzte und die Medikamente sind immer günstiger im Reiseland selbst zu erwerben als im europäischen Raum. Aus diesem Grund würde ich es vorziehen, bei den entsprechenden Symptomen einen Arzt aufzu-

suchen, der die Malaria schnell diagnostizieren und die richtigen Medikamente verschreiben kann.
Am wichtigsten ist die sogenannte Expositionsprophylaxe, also die generelle Vermeidung von Stichen.
Hierzu gehört:

- die Nutzung von Moskitonetzen. Im Übrigen auch ohne Gefahr vor Malaria äußerst nervenschonend. Ich reise nie ohne mein eigenes Netz.
- das Einreiben un- bzw. nur dünn bedeckter Hautstellen mit mückenabweisenden Mitteln (auf Wirkstoff „DEET" oder „Icaridin" achten).
- das Tragen von hautbedeckender heller Kleidung

Zu diesem Thema hält die "Deutsche Gesellschaft für Tropenmedizin" umfangreiche Information im Internet bereit (www.dtg.org).

Kurzer Exkurs über Repellent (Insektenschutzmittel):
Solche auf natürlicher Basis (in der Regel ätherische Öle), haben den Nachteil, keine ausreichend langen Wirkzeiten aufzuweisen. Die wirksamsten Mittel haben nach 1-3 Stunden ihre Wirkung verloren. Die synthetisch erzeugten haben den Vorteil, einen Schutz über viele Stunden zu garantieren, sofern einer der beiden oben genannten Wirkstoffe in ausreichender Konzentration Bestandteil ist (20-60%).
Manche Personen schwören auf die Einnahme des Vitamins B1 in Tablettenform. Eine brauchbare Studie die diese Variante der Vorsorge positiv bestätigen würde liegt nicht vor. Allerdings erlebte ich in den Everglades einmal eine eindrückliche Vorstellung eines glühenden Verfechters dieser Maßnahme.
Während meine Freunde und ich eingemummt und mit *Autan* getränkt um uns schlugen, stand ein junger Amerikaner ausschließlich mit kurzer Hose bekleidet neben uns und warb für sein Vitamin B1-Präparat. Unsere damaligen Versuche waren nicht von Erfolg gekrönt. Es mag allerdings auch daran gelegen haben, dass der Körper ca. 10 Tage Vorlauf be-

nötigen soll, um den notwendigen, mückenvertreibenden Körpergeruch zu verströmen. Wie beim Vitamin B1, so gibt es unzählige Rezepte und Mittel mit denen verschiedene Nutzer glauben glücklich zu werden. Ich könnte mir sehr gut vorstellen, dass es tatsächlich am Zusammenspiel zwischen Mensch und Mittel liegt. Der eine mag mit dem gut fahren, die andere mit einer ganz anderen Mischung. All jenen jedoch, die nicht die Muße haben, ihr persönliches Erfolgsrezept herauszufinden und „sicheren" Schutz vor einer Krankheitsübertragung brauchen, sollten auf die beschriebenen synthetischen Repellents zurückgreifen.

Gepäck

Das Motto "weniger ist mehr" lässt sich hervorragend auf das Thema Gepäck übertragen. Wer einmal gelernt hat, mit wenig Gepäck zu reisen, wird dabei bleiben wollen. Natürlich ist es ein Unterschied, ob ich mit einem Wohnmobil von zu Hause aus starte oder ob ich mit einem Rucksack durch den Himalaya wandere. Dennoch, wer es schafft, seine Habseligkeiten zu reduzieren, wird in jedem Fall einen wesentlich entspannteren Urlaub erleben. Was ich nicht dabei habe, kann mir nicht abhandenkommen. Besonders vorteilhaft wirkt sich diese Einsicht auf Reisen mit häufigen Ortsveränderungen und Nutzung öffentlicher Verkehrsmittel aus. Denn hier gilt es, die Reiseutensilien immer wieder aus- und einzupacken und mit sich herumzutragen.
Selbstverständlich hat jeder Reisende seine ganz persönlichen Grenzen in Sachen Reduzierung. Diese auszuloten, ist jedoch denkbar erstrebenswert.
Die Reiseformen mit eigenem Fahrzeug zu einer Ferienwohnung oder zu einem Hotel möchte ich hier außen vor lassen. Zwar ließen sich die nachfolgenden Erkenntnisse auch auf diese Arten des Reisens übertragen, jedoch ist die Dringlichkeit, sich einzuschränken, weit weniger gegeben.
Kein Geheimtipp, jedoch bei wenigen im Bewusstsein verankert, ist die Möglichkeit, im Urlaub Wäsche waschen zu können. Dies wird in den meisten Unterkünften kostengünstig angeboten. Der durchschnittliche Mitteleuropäer scheint Sorge zu haben, dass mit seiner Wäsche etwas Schreckliches passiert, er sie bei Rückgabe nicht wiedererkennt oder diese womöglich gänzlich abhandenkommt. Dies ist meiner Erfahrung nach nicht der Fall, die Wäsche kam stets in deutlich besserem Zustand zurück als ich sie abgebeben hatte. Meist sogar gebügelt, eine Aufmerksamkeit, die meine Wäsche zu Hause nicht erfährt. Wer diesen Service auf keinen Fall wünscht, sollte es vorab mitteilen.

Ein weiterer Tipp, vermeiden Sie mit Ihren Lieblingskleidungsstücken unterwegs zu sein. Die Chance, dass sie auf einer Reise versaut oder verloren gehen, ist nun mal größer als zu Hause, ersparen Sie sich den Frust im Urlaub. Auch sollte man immer im Hinterkopf behalten, dass es notfalls überall günstige Kleidung zu kaufen gibt.
Neben der Möglichkeit, die Kleidung waschen zu lassen, spricht nichts dagegen, dies auch selbst zu übernehmen. Speziell in heißen Ländern, in denen man ohnehin nur in leichter Kleidung herumläuft, ist dies das Mittel der Wahl.
In solchen Ländern nehme ich Unterhose und T-Shirt oder Hemd gleich mit unter die Dusche. Dies kostet zwei zusätzliche Minuten und alles ist wieder sauber, zumindest aber geruchsneutral. Meist kann man das Hemd nach dem Auswringen gleich wieder anziehen (kühlt ausgesprochen angenehm) und wenige Minuten später ist es ohnehin wieder trocken.
Verbringt man einen Urlaub in Ländern, in denen davon auszugehen ist, dass die Nachttemperaturen nicht unter 15 Grad fallen, reicht ein 40 Liter Rucksack vollkommen aus. Dabei ist es gleichgültig, ob man eine Woche oder zwei Monate unterwegs ist. Voraussetzung dafür ist allerdings, dass man nicht anfängt sich unwohl zu fühlen, wenn die Kleiderauswahl merklich eingeschränkter ausfällt als zu Hause. Kurz, das Volumen und Gewicht des Gepäcks kann entscheidend dadurch eingeschränkt werden, dass man nicht bereit ist, schmutzige Wäsche mit sich herumzuschleppen.
Gewicht reduziert man weiter durch den Verzicht auf Akku- und batteriebetriebenes Elektronikspielzeug sowie auf ledergebundene Sonderausgaben der aktuellen Bestsellerliste. Spaß beiseite. Um das allzeit einsetzbare Smartphone wird man in Zukunft kaum noch herumkommen. Ob es allerdings gleich der Laptop sein muss, sei dahin gestellt. Was den Lesestoff anbelangt, so habe ich leichtes Spiel. Ich bin ein dermaßen langsamer Leser, dass mir 100 Seiten Taschenbuch

locker für eine Woche reichen. Echte Leseratten können da nur müde lächeln.

Vorteil für den, der gerne Englisch liest, ist, dass es Bücher in dieser Sprache überall zu kaufen gibt. Auch Tauschen ist eine durchaus beliebte Variante. Viele Unterkünfte haben solche Tauschgelegenheiten. Man lässt seinen alten Schinken zurück und sucht sich einen neuen aus. Wer im Urlaub literarisch qualitativ wie quantitativ hoch anspruchsvoll durchs Leben ziehen möchte, dem kann nur geraten werden, sich am besten gleich mit einem E-Book auszustatten. Mit gut 200 Gramm Gewicht hat man dann auf alle Bücher Zugriff, die einen interessieren könnten. Falls gewünscht, inkl. dem oft schon ein knappes Kilogramm wiegenden Reiseführer.

Kann man dazu auf Wanderschuhe, Gummistiefel und schwere Regenkleidung verzichten, lässt sich je nach persönlichem Gusto das Gepäck auf 7-9 kg Gewicht herunterschrauben. Ein sich daraus ergebendes kleines Rucksackmaß hat dann auch den Vorteil, dass man ihn leicht mit in den Innenraum von Überlandbussen nehmen kann. Gepäck wird in der Regel im separaten Gepäckfach unter der Passagierkabine befördert, wo es zwar meist hervorragend aufgehoben, ein persönlicher Zugriff während der Fahrt allerdings kaum möglich ist.

Je nach Reiseland kann aber auch mal das Dach des Busses für den Gepäcktransport herhalten müssen, auf dem bei Bedarf dann auch Passagiere Platz nehmen.

Ungeachtet einer möglichen Bruchgefahr für den Inhalt, werden die Gepäckstücke auch gerne genutzt, um es sich während der Fahrt gemütlich zu machen oder es wird auch mal in Ruhe eine genauere Untersuchung derselben vorgenommen. Jedenfalls ist die Beförderung eines großen 60-100 Liter Rucksacks in der Passagierkabine in aller Regel ausgeschlossen. Der kleine von mir anfangs beschriebene 40-Liter-Rucksack dagegen passt meist noch in die Kabine, zur Not auf den eigenen Schoß.

Gepäck

Die Flexibilität mit einem kleinen und leichten Gepäckstück steigert sich speziell für Einzelreisende enorm, da das Gepäck häufig mitgeschleppt werden muss. Sei es bei der Unterkunftssuche, der Suche nach dem richtigen Bus, dem Fahrkartenschalter oder nur beim Gang aufs Klo. Reist man zu zweit, kann man sich immerhin aufteilen. Einer spielt den Aufpasser, der andere erledigt, was auch immer zu erledigen ist.

Generell ist es von Vorteil, zusätzlich einen kleinen Tagesrucksack mit sich zu führen. Diesen benutze ich als Handgepäck auf dem Flug und in den Bussen. Auch wenn man tagsüber oder abends ohne sein eigentliches Gepäck unterwegs ist, ist eine Unterbringungsmöglichkeit für die wichtigsten Sachen immer vorteilhaft. Dies führt in der Regel dazu, dass man bei einem Ortwechsel zu Fuß neben dem größeren Rucksack dann noch den kleinen Tagesrucksack vor sich trägt. Hört sich unbequemer an als es ist. Im Idealfall lässt er sich natürlich noch im eigentlichen Rucksack verstauen.

Im Anschluss eine Liste mit Reiseutensilien, die meines Erachtens vollkommen ausreichen, um eine längere Reise in einem Land unbeschadet zu überstehen (Tagestiefsttemperaturen nicht unter 15°C).

Kleidung:

1 Paar Schuhe zum längeren Laufen	800 g
1 Paar Flip-Flops	300 g
2 Paar dünne Socken	120 g
2 Unterhosen	100 g
1 Badehose/Bikini	100 g
2 Paar lange Hosen	900 g
1 Paar kurze Hosen	160 g
2 kurze Hemden	400 g
1 T-Shirt	150 g
1 langes Hemd	250 g
1 Sweatshirt	350 g

1 Gürtel	120 g
1 Faserpelz (für kühlere Abende)	300 g
1 Kopfbedeckung	60 g
1 Regen- /Windjacke	350 g
Kleidung gesamt	4450 g

Sonstiges:

Handtuch	200 g
Kulturbeutel (möglichst abgespeckt)	500 g
Reiseapotheke (gib alles auch vor Ort)	250 g
Moskitonetz mit Schnur und Holzschraube	300 g
Sonnenbrille mit Box	100 g
Sonnencreme	100 g
Insektenschutzmittel	80 g
Taschenmesser	130 g
Stirnlampe mit Ersatzbatterien	100 g
Vorhängeschloss für Zimmer	60 g
Reiseführer (entfällt bei Ebook-Verwendung)	700 g
Sprachführer oder Sprachcomputer falls erforderlich	150 g
Ebook mit Ladekabel (alternativ Bücher)	250 g
½ Rolle Klopapier, Nähzeug, Ohrenstopfen	70 g
Kreditkarte, Pass, Flugticket, Stift	70 g
Kamera und Ersatzbatterien/Ladekabel	400 g
Tagesrucksack	400 g
ca. 30 Liter-Rucksack (leer)	1200 g
Sonstiges gesamt	**5060 g**

Kommunikationstechnik

Ich reise zwar erst seit gut 30 Jahren selbstständig durch die Welt, aber selbst während dieser verhältnismäßig kurzen Zeitspanne hat sich enorm viel getan. Die Möglichkeit zu telefonieren bestand zwar schon immer, war aber meist umständlich und teuer. Außerdem störte mich persönlich die scheinbare Aufhebung der zurückgelegten Entfernung. Ob man sich wochenlang mit dem Fahrrad von zu Hause entfernt oder eine tagelange Flugreise ans Ende der Welt hinter sich gebracht hatte, die vertrauten Stimmen am anderen Ende der Leitung täuschten vor, dass eine Reise gar nicht stattgefunden hätte. Reisen hat für mich immer etwas mit Distanz gegenüber dem Alltag zu tun. Wenn ich verreist bin, möchte ich nicht kurzfristig erreichbar sein. Ich war früher auf meinen Reisen kein Freund des Telefonierens und bin es auch im Handy-Zeitalter nicht geworden. Mein persönlicher Vorzug galt schon immer dem schriftlichen Austausch. Es gab „Pflicht"- und „Kürpost". Die Pflichtpost wurde mit Postkarten abgedeckt, die Kür hingegen mit Briefen. Diese Art der Kommunikation aus der Ferne lag mir. Meine Eltern werden es nicht immer ganz so lustig empfunden haben, wenn Briefe aus Neuseeland ein paar Wochen unterwegs waren. Mein Vater bekam über seine Bank allerdings immer recht zeitnah einen Beleg meiner Bargeldabbuchung zugeschickt. So konnte er immerhin feststellen, dass mit seiner Kreditkarte Geld abgehoben wurde, ich folgerichtig am Tag der Abhebung noch gelebt haben musste (man konnte früher nur mit dem Reisepass am Bankschalter Geld abheben).
Erhielt man selbst Briefe, so bekam man sie mit dem Zusatz „poste restante" (postlagernd) an das Hauptpostamt der Stadt seiner Wahl geschickt. Dies erforderte zwar immer gewisse terminliche Überlegungen im Vorfeld (wann werde ich ungefähr wo sein), allerdings war es ein wesentlich berauschenderes Gefühl, die Briefe seiner Liebsten am Postschalter in Empfang zu nehmen als heute Mails zu öffnen.

Soweit die kleine sentimentale Rückblende in mittlerweile vergessene Zeiten. Ich muss allerdings eingestehen, dass ich Internet und Email auch nicht mehr missen möchte. Überall gibt es Internet-Cafés, in denen man mit Familie und Freunden Kontakt halten kann. Sei es in Schriftform oder über Skype. Aber Internet-Cafés sind bald schon wieder out. Mittlerweile ist in vielen Unterkünften und Restaurants eine kostenfreie WLAN-Verbindung eingerichtet. Ausgestattet mit kleinen reisetauglichen Notebooks oder den noch handlicheren Smart-Phones benötigen die Reisenden heute keine externe Anlaufstelle mehr, um sich mit den Liebsten zu Hause oder der Reisebekanntschaft vom Vortag auszutauschen.

Die mobile Möglichkeit zu telefonieren hat heute wirklich Vorzüge. Ändert man während der Hauptsaison häufig seinen Standort, ist es von großem Vorteil, Verfügbarkeiten von Unterkünften im Vorfeld telefonisch abzufragen und zu reservieren. In den Reiseführern sind diese meist ausreichend beschrieben und mit Kontaktdaten versehen.

Wie man sein Handy im jeweiligen Land am besten einsetzt, wird in den Reiseführern ausreichend beschrieben.

Kurzum, die Nutzung der heute zur Verfügung stehenden Technik eröffnet viele Annehmlichkeiten. Welche man davon nutzen möchte, muss jeder für sich selbst entscheiden, allgemein gültige Tipps gibt es hierzu nicht.

Sprachliche Verständigung

Obwohl in verschiedenen anderen Kapiteln schon gestreift, hier noch einmal das Wichtigste zusammengefasst. Die Chance, im außereuropäischen Ausland die deutsche Sprache einsetzen zu können, ist sehr hoch. Dies liegt daran, dass die Bewohner der deutschsprachigen Länder zu den reisefreudigsten weltweit gehören.
Die Chance also, dass der Zimmernachbar in Melbourne oder das Paar am Ticketschalter in Bangkok auch Deutsch sprechen können, ist recht hoch. Wesentlich unwahrscheinlicher ist es allerdings, dass die freundliche Dame hinter dem Schalter unsere Sprache sprechen oder verstehen wird.
Welche Sprachkenntnisse sind also erforderlich, hilfreich oder einfach nur als luxuriös zu bezeichnen?
Diese Frage kann nicht generell beantwortet werden, da dies sehr stark vom Charakter der jeweiligen Person abhängt. Wer viel Geduld, Einfühlungsvermögen, Kreativität und vor allem Humor mitbringt, wird es schaffen, auch ohne einen Brocken Fremdsprache durch die Welt zu reisen. Es können Papier und Stift als Hilfsmittel mitgeführt werden, ab und an wird vielleicht auch ein Dolmetscher zur Seite springen können, gewöhnlich muss man sich jedoch auf seine Mimik und Gestik verlassen. Selbstverständlich wird die Situation prekärer, sobald ein ernster Zwischenfall wie Unfall oder Krankheit eintritt. Unlösbar sind diese Begebenheiten nicht, es macht sie nur unangenehmer als sie ohnehin schon sein mögen.
Abgesehen von diesen universellen Kommunikationstalenten werden sich die meisten von uns zu jener Gruppe zählen, die sich nur dann wohl fühlt, wenn man sich im Reisealltag irgendwie verbal verständigen kann. Für den Großteil der von mir angesprochenen Länder in diesem Buch reichen hier rudimentäre Englischkenntnisse vollkommen aus. Es gibt immer ein paar sehr respektable Idealisten, die sich aufgrund von Sprachbegabung oder empfundener Herausforderung in

eine der asiatischen Sprachen einarbeiten. Die breite Masse jedoch wird ihre Übersetzungen auf "Guten Tag", "Auf Wiedersehn" und "Danke" beschränken und damit auch hervorragend zurechtkommen. In Süd-Ost-Asien wird man mit einem sehr vereinfachten, meist gut verständlichen Englisch konfrontiert. Überhaupt haben jene Menschen, die Englisch als Fremdsprache betreiben den großen Vorteil, sich untereinander recht gut zu verstehen. Das für den Reisealltag benötigte Englisch lässt sich an einem Wochenende erlernen. Es sind immer die gleichen Fragen, möglichen Antworten und die obligatorischen Zahlen. Eine korrekte Grammatik in diesem Zusammenhang ist überflüssiges Beiwerk und wird in den seltensten Fällen erwidert.

Als Reisender beschränkt man sich (zumindest während der ersten Individualreisen) auf touristisch begangene Pfade. Hier hat man es mit Menschen zu tun, die es gewohnt sind, mit Touristen umzugehen. Kein südostasiatischer Geschäftsmann wird erwarten, seine Landessprache für eine Kommunikation benutzen zu können. Wenn auch nicht fließend oder elegant, Englisch wird er immer anbieten. Dies sieht im spanisch sprachigen Amerika schon ganz anders aus. Hier kommt man selbst in touristischen Gebieten mit Englisch nicht immer weiter.

Reist man alleine, so ist die Fähigkeit, sich in Englisch ausdrücken zu können, allerdings sehr wohl wichtig. Als Einzelperson ist man auf den Austausch mit anderen Reisenden angewiesen (von den Hobby-Eremiten einmal abgesehen). Je besser man diese Sprache beherrscht, je anspruchsvoller die mögliche Unterhaltungen.

Während einer Trekkingtour in Nepal bin ich auf einen Tschechen getroffen, der alleine unterwegs war. Die Annapurna-Umrundung hat 3 Wochen in Anspruch genommen und wir begegneten uns über diesen Zeitraum immer wieder. Sein Englisch war sehr rudimentär, eine Unterhaltung nur unter großer Anstrengung möglich und wenig bereichernd. Die Folge, wann immer wir ihn trafen, war er alleine, die

Reisenden haben ihn gemieden. Nicht dass er eine unangenehme Ausstrahlung gehabt hatte - ganz im Gegenteil, er wurde einfach nur als anstrengend in der Kommunikation empfunden.

Wer also alleine in Gegenden unterwegs ist, die nicht dafür bekannt sind, von deutschsprachigen Touristen überrannt zu werden, sollte entweder sehr gut mit sich alleine zurechtkommen oder sein Schulenglisch zuvor etwas auffrischen.

Unterkünfte

Die Wahl der Unterkunft ist prinzipiell eine Frage des persönlichen Geschmacks und Geldbeutels.
Wer gerne zeltet und in Ländern unterwegs ist, in denen die Camping-Kultur in Form von Camping-Platz-Angeboten gepflegt wird, ist mit dieser Option bestimmt gut bedient.
Allerdings gibt es auch hier große Unterschiede und man sollte sich in Hinblick auf Stellplatzgrößen, Ausstattung der sanitären Einrichtungen sowie Koch- und Essbereiche vorab über Literatur bzw. Internet informieren, um Enttäuschungen vorzubeugen.
So gibt es beispielsweise einige Länder, die nicht nach Art des Zeltes und Personenzahl abrechnen, sondern nach Stellplatz. Diese sind dann zwar recht groß und bieten teilweise drei 4-köpfigen Familien Platz sich niederzulassen, zu zweit oder gar als Alleinreisender kann es finanziell dadurch teurer kommen als die Nacht in einer Pension zu verbringen.
Das Angebot an Unterkünften reicht in fast allen touristisch geprägten Orten dieser Welt vom preisgünstigen Mehrbettzimmer zum 5-, mindestens aber zum 4-Sterne-Hotel inkl. sämtlich erdenklichen Varianten dazwischen. Die gängigen Reiseführer haben üblicherweise eine Auswahl der verschiedenen Kategorien aufgelistet. Meist klärt ein kurzer Kommentar über den Charakter der Unterkunft auf. Email-Adresse, Telefonnummer sowie Standortinformation verstehen sich von selbst. Dies hat zur Folge, dass ein Hotel sehr schnell ausgebucht sein kann, sofern es in den namhaften Reiseführern besonders empfohlen wird.
Diese Empfehlungen kann man auf die unterschiedlichste Art und Weise nutzen. Reist man z.B. alleine, dann ist es durchaus hilfreich, in Unterkünften abzusteigen bei denen davon auszugehen ist, dass man dort nicht alleine sein wird, sondern andere Reisende für gemeinsame Unternehmungen kennenlernen kann - sofern hierfür Bedarf besteht. Genauso

können die Empfehlungen in den Reiseführern genutzt werden um auszuschließen, dass man nur von den eigenen Landsleuten umgeben ist (deutschsprachiger Reiseführer) oder von Altersgruppen, zu denen man sich nicht mehr oder noch nicht zugehörig fühlt.
Reist man ohne eigenes Fahrzeug, ist es empfehlenswert, die Standorte der Unterkünfte so zu wählen, dass man abends nicht auf öffentliche Verkehrsmittel angewiesen ist. Taxen sind zwar in vielen Ländern eine wesentlich preisgünstigere Alternative als bei uns, jedoch finde ich es persönlich angenehmer, sich abends zu Fuß treiben lassen zu können. Zu wissen, wie man in einer fremden Stadt zu seinem Hotel findet, empfinde ich als erstrebenswerten Zustand, der für das Wohlbefinden durchaus förderlich sein kann. Ist man immer auf ein Taxi angewiesen, wird dieser Zustand kaum erreicht werden können.
(Siehe hierzu *"Keine Angst vor Mega-Cities"*.
Neben einem sauberen Bett, in dem man schließlich die Nacht verbringen soll, wird erfahrungsgemäß den sanitären Einrichtungen eine vergleichbar große Erwartungshaltung entgegengebracht. Da Wasser mit im Spiel ist, wird aus der Erwartungshaltung auch schnell mal eine Anspruchshaltung. Man sollte sich generell darüber im Klaren sein, dass speziell die nord- und mitteleuropäischen Länder über eine ausgesprochen hoch entwickelte Badkultur verfügen. Will heißen, fast egal wohin wir kommen, wir sollten unsere Erwartungshaltung herunterschrauben. Das gleiche betrifft im Übrigen Tür- und Fensterbeschläge sowie die eingesetzten Türschlösser.
Die für uns gewohnte Mischbatterie ist in den meisten anderen Ländern nicht bekannt. Der Erwartung, dass man einfach mal eine wohl temperierte Dusche nehmen kann, wird selten entsprochen. Vielmehr kann es viele Minuten dauern, bis das Wasser die gewünschte Temperatur erreicht. Oder das ersehnte Nass kommt vielleicht nur tropfenweise aus dem selten vertrauenserweckenden Duschkopf. Man entwickelt

seine Techniken und nimmt die Herausforderung jedes Mal wieder aufs Neue an, denn, hat man die Duschaktion halbwegs erfolgreich hinter sich gebracht, breitet sich ein wohliges Gefühl der Genugtuung aus. Ein selbst erarbeitetes positives Reiseerlebnis.

In einigen Ländern sind Stromausfälle, bzw. vorbestimmte Zeiten, in denen Strom überhaupt nur zur Verfügung gestellt wird, der Normalzustand. Entsprechend gehört eine Taschenlampe immer mit ins Gepäck.

Einmal abgesehen von Tausend und einer Geschichte zu nicht funktionierenden Duschen fällt mir eine nette Begebenheit bei meinem letzten Aufenthalt in Südamerika ein. In einem Hostal in Bogotá suchte ich nach einem Platz im Bad zum Aufhängen unseres Waschbeutels. Dieser war nicht übermäßig schwer, aber vier der ersten Möglichkeiten, diesen Waschbeutel zu platzieren, brachen sofort ab. Dies lag mit Sicherheit daran, dass die falschen Dübel Verwendung fanden, denn diese zog es butterweich aus der Wand. Man könnte sich darüber aufregen, man kann allerdings auch wunderbar darüber lachen - die 2. Variante tut der Reise immer besser.

Einen Tipp möchte ich an dieser Stelle nicht verpassen zu wiederholen (siehe Kapitel "**Mega-Cities**"). Egal wie groß die Stadt ist, in der man seine Reise startet, das erste Hotel würde ich immer von zu Hause aus vorbuchen. Die Anreise ist meist beschwerlich und man ist in der Regel nicht in der Stimmung nach vielen schlaflosen Stunden oder gar Tagen auf Zimmersuche zu gehen. Dies bequem von zu Hause mit den im Internet verfügbaren Gästebewertungen erledigen zu können, ist ein echtes Plus. Sollte sich bei Ankunft etwas anders darstellen als vereinbart, kann man sich immer noch umorientieren. Gerade bei günstigeren Unterkünften (kein oder wenig Sterne-Kategorien) ist ohnehin keine Anzahlung zu leisten, so dass man hier auch keinerlei finanziellen Verpflichtungen nachkommen muss.

Wie bei vielen anderen Gelegenheiten ist auch bei einer Zimmerreservierung gegenseitiges Vertrauen erwünscht. Einige Reisende halten es nicht für nötig, reservierte Zimmer wieder zu stornieren, sobald sie wissen, dass sie diese nicht wahrnehmen können oder wollen. Das Resultat ist, dass die Hotelbetreiber dazu übergehen, ihre Kapazitäten zu überbuchen. Drohen dann doch alle Gäste zu kommen, erhält man im Idealfall kurz vorher eine Absage bzw. im unangenehmeren Fall, wenn man bereits an der Rezeption steht. Ich kann die Betreiber durchaus verstehen, da die Saison meist überschaubar ist, und ein leeres Zimmer einen finanziellen Ausfall bedeutet. Empfehlenswert ist, dass man sich wenige Tage zuvor noch einmal in Erinnerung bringt. Oft bieten Hotels einen kostenlosen Transfer vom Flughafen an. Schon aus diesem Grund sollte man 1-2 Tage vor der Ankunft noch einmal auf sich aufmerksam machen.

Hat man sich von der Anreise körperlich wie nervlich wieder erholt, können zukünftige Unterkünfte auch direkt vor Ort ausgewählt werden. Entweder man läuft die in Frage kommenden Hotels (Reiseführer, sonstige Empfehlung) zu Fuß an oder nutzt ein Taxi. Die Taxifahrer warten gewöhnlich geduldig, bis man sich bezüglich eines Zimmers entschieden hat. Natürlich kennen die Fahrer auch immer genügend Hotels und bekommen eine Provision, wenn sie Gäste vermitteln. Es muss nicht unbedingt ein Fehler sein, diesen Ratschlägen zu folgen, man sollte nur in Betracht ziehen, dass die Taxifahrer oft provisionsgesteuert sind. Dort, wo für sie am meisten bei rausspringt, dort wird es (lt. ihrer Einschätzung) auch dem Gast am besten gefallen. Wenn man sich diese Suche vor Ort ersparen möchte, so kann man selbstverständlich auch im Voraus per Telefon oder Internet die nächste Reservierung perfekt machen. Ist die Flexibilität aufgrund von zeitlich vorbestimmten Ortwechseln (z.B. Flüge, Schiffsfahrten, längere Überlandfahrten) ohnehin eingeschränkt, so kann man für diese bekannten Ziele die Unterkünfte ebenfalls bereits von zu Hause aus reservieren.

Abschließend bleibt festzuhalten, dass man immer irgendwo unterkommen wird. Die Sorge, eine Nacht ohne Unterkunft verbringen zu müssen, ist unbegründet.

Verpflegung

Eine meiner größten Freuden auf Reisen sind die kulinarischen Entdeckungen der fremden und zweifelsohne authentischen Küche. Zwar bekommen wir in unseren Städten mittlerweile eine große Bandbreite ausländischer Gerichte angeboten, meist aber auf den europäischen Geschmack zugeschnitten.
Zugegeben, die Küche in Thailand oder Indien ist oft so scharf, dass eine Mahlzeit in unseren Augen einer Körperverletzung gleichkommt. In Indien musste ich notgedrungen nach einiger Zeit auf die ebenfalls erhältlichen chinesischen Gerichte ausweichen. Diese werden erwartungsgemäß nicht von Chinesen, sondern von Indern gekocht. Das Ergebnis ist leider viel ernüchternder als die Qualität, die bei uns in den China-Restaurants erreicht wird, als schmerzlindernde Zwischenmaßnahme aber hilfreich.
Behält man die Länder im Fokus, auf die sich das Buch konzentriert, so sticht eigentlich nur Thailand deutlich heraus. Seine Nachbarn sind den scharfen Gewürzen zwar nicht abgeneigt, es ist allerdings sehr viel leichter, ihnen zu entkommen.
Ich erinnere mich in diesem Zusammenhang immer "gerne" an meine erste Tom Yam, eine thailändische Garnelensuppe. Die gleiche Menge Flüssigkeit, die ich in Suppenform in mich hineinlöffelte, habe ich parallel wieder aus meinen Poren gespritzt.
Jahre später habe ich bei einem Kochkurs im Norden Thailands versucht, dieser sehr schmackhaften Suppe ihre Schärfe zu nehmen. So sehr ich den Geschmack des thailändischen Essens schätze, die Schärfe, wenn authentisch zubereitet, ist für mich ein großes Handicap. Hier bewährt sich, dass Thailand stark touristisch geprägt ist, und sich mittlerweile viele Restaurants darauf eingestellt haben, verschiedene Schärfegrade anzubieten.

Entfernt man sich jedoch von den touristisch ausgetretenen Pfaden, so muss man sich unverzüglich wieder auf die authentische Schärfe gefasst machen.
Aber dies sind nicht die wirklichen Sorgenkinder der Reisenden. Die Befürchtung, sich etwas im Magen-Darm-Trakt einzufangen, ist gewöhnlich präsenter. Wer einmal eine Woche seiner drei Wochen dauernden Reise auf dem Klo verbracht hat und eine weitere, um wieder zu Kräften zu kommen, wird sich seine eigene Meinung zu diesem Thema gebildet haben.
Ich habe das Glück, über einen recht resistenten Magen zu verfügen. Während meiner Reisen haben mich Mahlzeiten nur äußerst selten und dann auch nur kurzfristig außer Gefecht setzen können. Meist geschah es in Situationen, in denen ich am wenigsten damit gerechnet hätte. So haben z.B. während einer Indienreise ausgerechnet nach dem Besuch in einem sehr guten Restaurant ein Duzend Shrimps meine folgende Nacht zum Tag werden lassen.
Oder nach einer 4-monatigen Reise durch Mittelamerika hat es mich dann auf der Rückreise nach einem Sandwich während einer Zwischenlandung in Madrid umgehauen.
Mit diesen Beispielen möchte ich lediglich zum Ausdruck bringen, dass es ziemlich unkalkulierbar ist, wo und wann es einen erwischt. Ich gehöre nicht zu den Menschen, die aus Angst alles meiden, was im Entferntesten risikobehaftet sein könnte. Allerdings muss ich anmerken, dass ich nie länger als 12 Stunden außer Gefecht gesetzt wurde. In dieser Zeit hat der Körper gar keine Chance, so weit abzubauen, dass sich das Gefühl des persönlichen Elends tief ins Langzeitgedächtnis einbrennt.
Meine Vorsichtsmaßnahmen, mit denen ich in Ländern ohne den uns gewohnten Standard immer gut gefahren bin, sind die folgenden.

Essen:
- Die Restaurants sollten gut besucht sein.
- Restaurants, die von Einheimischen gut besucht sind, sind besser als solche mit vielen Touristen (Einheimische kommen nur wieder, wenn es gut ist).
- Fisch und Schalentiere nur dann bestellen, wenn entsprechendes Gewässer in unmittelbarer Nähe ist, wenn es zur Spezialität des Hauses gehört und auch von anderen Gästen konsumiert wird.
- Rohkost in Form von Salaten oder Obst esse ich erst nach einigen Tagen.
- Wenn etwas nicht schmeckt, stehen lassen.
- Da ich kein Freund von Nachtisch bin, musste ich mich mit diesem Thema (mögliche Salmonellen etc.) nie auseinandersetzen.

Getränke:
Alle geschlossenen Glasflaschen sind unbedenklich. Wer daran zweifelt, sollte lieber zuhause bleiben. Die Drehverschlüsse der Plastikwasserflaschen sollten noch unversehrt sein, also einen unversehrten Sicherungsring aufweisen. Diese Flaschen müssen immer verschlossen an den Tisch gebracht und erst hier geöffnet werden (habe ich aber noch nie anders erlebt, meist wird das Öffnen der Flaschen dem Gast selbst überlassen).
Ich trinke immer Kaffee oder Tee. Niemand kann einem garantieren, dass das Wasser mindestens drei Minuten sprudelnd abgekocht wurde. Tatsache ist, dass ich die Heißgetränke bisher immer vertragen habe.
Selbst in den Bergen Nepals hatte ich nie Probleme. Aufgrund des niedrigeren Luftdrucks der Höhenlage kocht Wasser zwar schneller, hat eventuell jedoch nicht die zum Abtöten der Keime notwendigen Temperaturen erreicht. Ich kann mir kaum vorstellen, dass die Menschen hier das Wasser 10 Minuten vor sich hin brodeln lassen, um die Anzahl an möglichen Keimen auf ein für den empfindlichen Touris-

tenmagen erträgliches Niveau zu reduzieren. Man kann also davon ausgehen, dass das Wasser von Natur aus schon eine gute Qualität mitbringt.
Bleiben die stets skeptisch beäugten Eiswürfel. Zugegeben, ich bevorzuge Bier oder Wein und beides ohne Eis. Softdrinks sind meist kalt genug. Für die Longdrinks am Abend sollte man in zweifelhafter Umgebung fragen, ob das Eis "sicher" hergestellt wurde. Meist findet man dazu aber einen Hinweis auf der Karte. Im Zweifelsfalle zu Bier greifen!
Auch hier gilt, ist der Ort gut besucht, wird alles seine Richtigkeit haben.
Bleibt zu guter Letzt das Zähneputzen. Ich habe noch nie Flaschenwasser zum Zähneputzen benutzt, spucke jedoch sorgfältiger aus, als ich dies zu Hause machen würde.
Dies sind wohlgemerkt Verhaltensweisen, die mir für meine Person sinnvoll erscheinen. Schon bei meiner nächsten Reise kann es passieren, dass ich diese Methoden als nicht ausreichend verfluche, weil es mich für Tage dahinrafft.
Eine Freundin, die Kamelreisen in Ägypten durchführt, "untersagt" Ihren Gästen den Genuss von Salaten am abschließenden Buffet im 4-Sterne-Hotel. Sie spricht aus langjähriger selbst durchlittener Erfahrung.
Sollten Sie also auch zu den vorbelasteten Reisenden gehören, bleibt Ihnen wohl nur der dauerhafte Verzicht auf:

- Rohkost aller Art
- Früchte, die Sie nicht selbst schälen können
- Speisen, die nicht gekocht wurden oder wieder abgekühlt sind
- Eis in jeder Form

Essensstände oder Restaurant?

Es gibt Reisende, die Essensständen prinzipiell nicht trauen. Dies ist schlicht und ergreifend unnötig. Viele Einheimische können sich gar keinen Restaurantbesuch leisten. Eine Mahlzeit an einem der zahlreichen Essensstände, die sich konzentriert auf einem Markt oder verteilt auf den Straßen befinden, ist sozusagen ihr täglich Brot. Folglich sind die Umsätze an Speisen hier meist deutlich höher als in Restaurants. Ein weiterer Vorteil ist, dass nur eine sehr begrenzte Anzahl von Speisen angeboten wird. Außerdem kann man bei der Zubereitung in der Regel zusehen und sich über den hygienischen Standard selbst ein Bild machen. Dies alles trifft auf Restaurants nicht zu. Wenn der Essensstand darüber hinaus noch von Einheimischen gut besucht ist, kann man nur raten: Hin und schmecken lassen. Diese Essensstände haben mit ihrem Preis-Leistungsverhältnis oft das Potential, kulinarische Wunder zu vollbringen!

Zum Schluss noch ein Tipp, der sich immer bewährt hat. Wenn man nach einer Mahlzeit (egal wann) das Gefühl hat, diese nicht vertragen zu haben, sich also Übelkeit oder Bauchschmerzen einstellen, sollte man sofort reagieren. Alles, was sich noch im Bereich des Magens befindet, sollten Sie versuchen nach draußen zu befördern. Warten Sie nicht, nach dem Motto „gibt sich vielleicht wieder". Jede Stunde, die Sie abwarten, werden Sie später doppelt und dreifach leidenderweise dranhängen müssen. Also rein mit dem Finger in den Rachen oder auf welche Technik auch immer Sie schwören, nur tun Sie was. Ich habe immer wieder mal erfolgreich davon Gebrauch gemacht.

Die letzte Aktion dieser Art hatte ich mit meiner Partnerin in Leticia, Kolumbien. Das Restaurant, durchaus auf Fisch spezialisiert, der Fluss (Amazonas) um die Ecke. Im Reiseführer wärmstens empfohlen, bei unserer Ankunft jedoch verdächtig leer.

Nachts wachte ich mit Übelkeit auf und setzte meinen Vorsatz so gut es eben ging um. Ich weckte Marion und riet ihr dringend, das Gleiche zu tun. Leider spürte sie noch nichts und die Vorstellung, sich ohne Grund übergeben zu sollen, war ihr verständlicherweise ein Graus. Den darauffolgenden halben Tag mussten wir mit einer recht anstrengenden Anreise zu einer Unterkunft im Regenwald verbringen. Mir ging es in dem Maße besser, in dem sie abbaute. Da sie wartete, hatte der Fisch bereits seinen Weg durch den Verdauungstrakt angetreten. Es gibt auf Reisen wenig Elendigeres, als sich entscheiden zu müssen, welchem Bedürfnis man bei einem Brechdurchfall zuerst nachgeben sollte. Die Folge, sie kam total dehydriert am Ziel an. Trinken half im Grunde nichts, weil der Magen jede Aufnahme von Flüssigkeit verweigerte.

Dies war definitiv die Zeit für unser mitgeführtes Vomex®. Das Problem, sie erbrach die Tablette leider zusammen mit dem Wasser sofort wieder. Die Lösung: Die Tablette mit so wenig Wasser wie irgend möglich schlucken und eine halbe Stunde trotz großen Dursts ausharren. Danach ging es mit Hilfe der wieder angenommenen Elektrolytlösungen stetig bergauf, und am nächsten Tag war die Welt wieder in Ordnung.

Reisekasse

Ziel sollte es sein, möglichst leicht an Bargeld zu kommen, um nicht mit großen Beträgen herumreisen zu müssen. Aus diesem Grund wurde Ende des 19. Jh. der Reisescheck entwickelt. Dieses Zahlungs- bzw. Tauschmittel ist zumindest in den hier empfohlenen Ländern nicht mehr von erkennbarem Vorteil. Im Gegenteil, es wird Probleme bereiten, diese überhaupt einsetzen zu können.

Die Bargeldbeschaffung erfolgt in allen Reiseeinstiegsländern wie zu Hause über Geldautomaten (ATM - automatic teller machine). Mit den gängigsten Kreditkarten (Visa, Master) oder inzwischen auch immer öfter mit der Maestro-Karte, kommt man jederzeit an Bargeld.

Am Ankunftsflughafen gibt es immer auch einen Wechselschalter für die gängigen Währungen – sofern man nicht zu nächtlicher Stunde ankommt. Hier empfiehlt es sich, einen anfänglichen Geldbetrag zu wechseln. Warum? Nun, zum einen könnte der Automat in der Ankunftshalle defekt sein, zum anderen spucken diese meist nur große Scheine aus. Am Schalter hat man immer die Möglichkeit, darum zu bitten, einen Teil des Geldes in Münzen oder kleinen Stückelungen herauszugeben. Diese sind dann bestens für Taxi, öffentliche Verkehrsmittel oder auch ein Trinkgeld geeignet. Wechselgeld ist in vielen Ländern nämlich ein teils nervenaufreibendes Thema und man tut generell gut daran, Sorge zu tragen, dass man immer über ein sinnvolles Arsenal an kleineren Währungseinheiten verfügt.

Einige Dollarnoten (1, 5, 10 $) sind immer von Vorteil, ist man auf der gesamten Welt doch meist mit deren Gegenwert vertraut.

Jeder Reiseführer geht auf das Thema „Geld" ausführlich ein und gemäß dem Erscheinungsjahr sollten die Informationen aktuell sein.

Handeln

Nun, feste Preise sind auch bei uns ein Relikt aus grauer Vorzeit. Für größere Anschaffungen würde heute kaum jemand auf die Idee kommen, nicht nach einem Preisnachlass zu fragen. In vielen Ländern Asiens, Afrikas und Lateinamerikas gehört Handeln schon immer zum Alltag. Natürlich gibt es Produkte, die kein Handeln erfordern.
Allen voran sind hier die Restaurants zu nennen. Meist gibt es mit Preisen versehene Speisekarten. Sollten diese einmal fehlen, empfiehlt es sich vor dem Bestellen nachzufragen. Über den Preis zu diskutieren, nachdem das „Corpus Delicti" verspeist ist, sollte vermieden werden.
Entscheidend ist es, möglichst bald ein Preisgefühl für das jeweilige Land zu entwickeln. Dies gelingt im Wesentlichen auf zwei Wegen. Zum einen durch Erfahrung (Versuch und Irrtum) und zum anderen durch die Preisangaben in den Reiseführern. Dort erfährt man, wie teuer die Produkte des täglichen Bedarfs und die verschiedensten Dienstleistungen im Jahr der Recherche gewesen sind. Ggf. ergänzt um einen Zuschlag für Inflation bekommt man sehr schnell ein Gefühl dafür, wie viel etwas kosten darf. Zumal es immer die gleichen Sachen sind, die einen Touristen interessieren.
Am effektivsten wird man Geld beim Verhandeln über den Preis einer Unterkunft sparen können. Hier lohnt immer ein Nachfragen, speziell dann, wenn man in der Nebensaison reist oder mehr als zwei Nächte bleibt.
Öffentliche Verkehrsmittel eignen sich nur bedingt zum Handeln. Der Preis für Tickets, die man an einem dafür vorgesehen Schalter erwirbt, ist nicht verhandelbar. Dies gilt gleichermaßen für Bus, Zug, Schiff und Taxi.
Etwas anders gestaltet es sich bei Tickets, die man erst während der Fahrt erwirbt. Diese sind zwar prinzipiell auch nicht verhandelbar, jedoch kommt es vor, dass der Ticketverkäufer der Versuchung nicht widerstehen kann und von Touristen einen höheren Preis verlangt. Dies ist nur zu umgehen, in

dem man das Preisniveau des Landes kennt oder den einheimischen Sitznachbarn befragt.
Preise von Taxen, die auf der Straße angehalten werden, sind prinzipiell mit dem Fahrer zu verhandeln (falls nicht ein Taxameter eingesetzt wird). Auch hier hilft der Blick in den Reiseführer bzw. die erworbene Erfahrung.
Generell zum Thema Handeln kann gesagt werden, dass ein entspanntes und freundliches Auftreten sehr hilfreich ist. Aggressionen sind hierbei vollkommen fehl am Platz und führen nicht zum gewünschten Ergebnis.

Mentalitäten

Wer seine vertraute Umgebung verlässt, wird schnell feststellen, dass selbst im eigenen Land die Menschen denkbar unterschiedlich sind. Am auffälligsten ist wohl die unterschiedliche Sprache. Tradition, Gewohnheit, Verhaltensweise, Weltanschauung etc. sind in ihrer Gesamtheit jedoch die mentalitätsprägenden Elemente. Je unterschiedlicher diese zur eigenen Mentalität sind, umso fremder empfinden wir die andere Gesellschaft. Ein Bewohner der Halligen wird sich deutlich von einem Oberbayern unterscheiden, um nur eines von unzählig möglichen deutschen Beispielen zu benennen.
Die Mentalitätsunterschiede über Landesgrenzen oder gar Kontinente hinaus sind erwartungsgemäß noch viel größer. Zwar findet auch hier eine Art „Globalisierung" der Mentalitäten statt, allerdings beschränkt sich dies auf jenen Personenkreis, dem ein regelmäßiger Austausch mit fremden Kulturen vergönnt ist. Hierzu gehört der durchschnittliche Jahresurlauber kaum.
Wie Sie sich denken können, stellt es einen sinnlosen Versuch dar, diese Mentalitätsunterschiede selbst für die wenigen in diesem Buch benannten Länder zu umreißen. Die meisten der Reiseführer widmen diesem Thema jedoch ein Kapitel. Mindestens aber eine Zusammenstellung von Handlungen, die in dem beschriebenen Land gerne gesehen sind und andere, die man besser vermeidet oder gar tabu sind. Hierzu zwei exemplarische Beispiele anhand von Thailand. Es gilt als Beleidigung, Kindern über den Kopf zu streicheln. Eine Handlung, die in unserem Kulturkreis wohl kaum auf Unverständnis stoßen würde. Für Buddhisten gilt der Kopf jedoch als heiliges Körperteil.
Oder: Vor dem Betreten eines Tempels sind immer die Schuhe auszuziehen. Niemand würde von uns auf die Idee kommen, etwas Vergleichbares in unseren Kirchen zu prakti-

zieren. In den meisten Weltreligionen gelten Straßenschuhe jedoch als unrein.

In vielen ostasiatischen Ländern kommt es einem Gesichtsverlust gleich, Fragen nicht beantworten zu können. Fragt man nach dem Weg, wird man folglich nie die Antwort erhalten, dass man diesen nicht kenne. Stattdessen wird irgendeine mehr oder weniger passende Auskunft erteilt. Es empfiehlt sich, mindestens eine weitere Antwort einzuholen, bevor man sich in Bewegung setzt. Weiß man um diesen Sachverhalt, so kommt man erst gar nicht in Verlegenheit, sich über eine falsche Wegbeschreibung zu ärgern.

Die wichtigsten dieser Verhaltensweisen finden Sie wie erwähnt in den Reiseführern. Als einzige universell sinnvoll einzusetzende Verhaltensweise kann man wohl Ruhe und Gelassenheit benennen. Wird man im europäischen Raum eventuell mit erhobener Stimme und Schaum vor dem Mund bei in Ungnade gefallenen Dienstleistern noch gewünschte Reaktionen auslösen können, so bleibt dies in großen Teilen Asiens ein unerfüllter Wunsch. Statt Achtung wird einem meist nur Verachtung als Reaktion entgegengebracht. Da man sich in einem fremden Kulturkreis bewegt, läuft man ohnehin ständig Gefahr, Missverständnisse zu provozieren. Der größte Teil dieser Missverständnisse lässt sich jedoch mit Gelassenheit, Lächeln und im Idealfall mit einer Portion Humor aus der Welt schaffen. Nie vergessen: Als Reisende sind wir es, die bei einer fremden Kultur zu Gast sind – nicht umgekehrt. Außerdem hat man sich als Tourist mit großer Sicherheit selbst eingeladen. Sich selbst nicht zu ernst nehmen und immer wieder die eigenen Handlungsweisen zu hinterfragen, ist der perfekte Ansatz, sich entspannt durch kulturell unbekanntes Terrain zu manövrieren.

Keine Angst vor großen Städten

Vientiane, Canberra und Wellington, die Hauptstädte von Laos, Australien und Neuseeland teilen sich die Tatsache, dass es sich eher um Städtchen als um Städte handelt. Sie teilen sich allerdings auch die Tatsache, dass man gewöhnlich als Reisender nicht dort ankommen wird, da sich die großen internationalen Flughäfen in anderen Städten befinden. Die Regel ist, dass man in Sydney oder Auckland ins Ziel-Land einreist oder wie im Falle von Laos den Landweg von Thailand aus wählt und sich damit zuerst mit Bangkok auseinandersetzen muss.

Da ich mich auf die bereits erwähnten Länder beschränken möchte, bleiben die wirklichen Riesen außen vor: Mexiko-City (20 Mio.), Shanghai (20 Mio.), Peking (16 Mio.), Mumbai/Bombay (12 Mio.) etc. – Stand 2012.

Aber auch Städte wie Bangkok (7 Mio.), Ho-Chi-Minh-Stadt (5 Mio.) oder Buenos Aires (3 Mio.) sind ehrfurchteinflößend, sobald man den sicheren Hafen der Ankunftshalle des Flughafens verlässt.

Versuchen wir uns also erst einmal darüber klar zu werden, was genau uns das Unwohlsein beschert.

Großstädte sind für all jene, die keinen alltäglichen Umgang damit haben, eine Herausforderung. Herausforderung deshalb, weil die Sinnesorgane in einer ungewohnten Weise beansprucht werden, und unser Gehirn die Vielzahl der gemeldeten Impulse verarbeiten muss. Diese Reizüberflutung ist es letztlich, die uns in einen Stresszustand versetzt und Fluchtgedanken aufkommen lässt. Dieser Zustand kann sich selbstverständlich schon in der heimischen Großstadt einstellen, verstärkt sich jedoch um ein Vielfaches, je fremder uns eine Kultur wird. So mag ein Besuch in London (7 Mio.) noch erträglich sein, sofern man des Englischen halbwegs mächtig ist. Dagegen kann ein Besuch in Paris, wenn man keinerlei Französisch spricht, schon als anstrengender empfunden werden.

Nehmen wir Istanbul (13 Mio.) als nächste Steigerung. Hier kommt die islamische Kultur (zugegeben in abgeschwächter Form) als für den gemeinen Mitteleuropäer ungewohntes Bild hinzu. Je fremder uns eine Gesellschaftsform ist, umso mehr ungewohnte Eindrücke müssen von uns aufgenommen werden. In Großstädten treten diese Eindrücke nun mal nicht in homöopathischen Dosen, sondern geballt auf.
Für das Stressverhalten ist im Übrigen unser Gehör ein nicht zu unterschätzender Faktor. Der in Großstädten herrschende Verkehr, in Asien oft mit anhaltendem Hupkonzert, nagt am Nervenkostüm. Hinzu kommen die Abgase durch teilweise völlig veraltete Motoren, häufig die zur persönlichen Stromerzeugung eingesetzten Generatoren, offenen Feuerstellen und Garküchen.
Aber auch der Gestank von Fäkalien sowie vergorenes Gemüse und Obst gehören zum Reisealltag.
Da Geruchs- und Geschmackssinn bekanntlich zusammenhängen, hat man all die Ausdünstungen irgendwie auch immer als Geschmackserlebnis im Mund - zumindest aber bildet man es sich ein.
Einen wesentlichen Beitrag zur inneren Unruhe können darüber hinaus die Trottoirs leisten. Nicht, dass diese nicht existieren würden, sie sind jedoch zumindest in Asien oft nicht als solche zu gebrauchen. Sie dienen als Parkplatz, Müll- oder anderen Arten von Deponien, Restaurants u.v.m. Da diese Blockaden selten partiell ausfallen, ist der Passant darauf angewiesen, immer wieder auf die Straße auszuweichen, auf der er sich (als schwächster Verkehrsteilnehmer) sofort den dort geltenden Gesetzen zu unterwerfen hat. Das Gefühl, was sich leicht einstellen wird, erinnert somit eher an Flucht als an einen entspannten Stadtbummel.
Dieses Szenario ist für einige Städte Asiens durchaus realistisch, in den hier vorgestellten Ländern allerdings nur in sehr abgeschwächter Form anzutreffen. Wenn man weiß, welche Faktoren das Stressaufkommen begünstigen, kann man gezielt gegensteuern. Schon bei der Vorausbuchung von zu

Hause aus, sollte das „richtige" Stadtviertel für die Unterkunft ausgewählt werden.
Aber welches Stadtviertel ist „richtig"?
Für meinen Geschmack weniger die Tatsache, dass ich neben den Hauptsehenswürdigkeiten untergebracht bin, als vielmehr die Nähe zu abendlicher Unterhaltung und Gastronomie. Der Grund ist einfach. Tagsüber haben die Städte prinzipiell ein anderes Gesicht als am Abend oder gar in der Nacht. Das kann dazu führen, dass Sie die Straße, in der sich Ihr Hotel befindet, nicht mehr wieder erkennen. In den meisten Innenstädten Europas bestimmen Schaufenster das Bild und es ist nur die Frage, ob diese abends ihre Auslagen beleuchten oder nicht. Auch in Teilen Süd- und Osteuropas werden nach Ladenschluss Gitter vor die Schaufenster gezogen. In vielen Ländern Süd- und Südost-Asiens und Lateinamerikas gibt es jedoch meist keine Schaufenster. Stattdessen ist das gesamte Erdgeschoss offen. Es gibt keine permanente räumliche Trennung zwischen öffentlicher Verkehrsfläche und Laden. Dadurch stehen die Waren fast auf der Straße, wodurch ein sehr lebendiger und offener Eindruck entsteht. Abends, wenn die Geschäfte schließen, werden Rollläden runtergezogen und mit einem Vorhängeschloss abgeschlossen. Die Straße ist damit nicht wiederzuerkennen. Straßenbeleuchtung existiert in unserem vertrauten Sinne nicht, die Rollläden sind beschmiert und verrostet, es ist kaum noch jemand unterwegs. Eine Straße, die tagsüber noch zum Bummeln eingeladen hatte und sehr geschäftig wirkte, kann auf diese Weise ganz schnell Endzeitstimmung vermitteln. Dies muss nicht zwangsläufig schlimm sein, auch diesem morbiden Charme mag man etwas abgewinnen, meist verunsichert dieser Wechsel jedoch.
Eine Ausnahme von diesem abendlichen Erscheinungsbild bieten jene Stadtviertel, die für die abendliche Unterhaltung von Einheimischen und Touristen sorgen, also auch abends geöffnete Restaurants und Bars beherbergen. Dies ist ein Garant dafür, dass die Straßen in dieser Gegend auch nach

Einbruch der Dunkelheit noch belebt sind und damit auch von Touristen sorglos begangen werden können.
Damit sind wir bei einer weiteren Sorge der Reisenden angelangt. Die Kriminalität und die damit verbundene Befürchtung, dass die eigenen Habseligkeiten ein permanentes Ziel der Begierde darstellen.
Zu Beginn möchte ich die Sorge relativieren, in dem ich europäische Metropolen betrachte.
Jeder wird mir zustimmen, wenn ich behaupte, dass es selbstverständlich auch in unseren Großstädten Viertel gibt, in denen man sich möglichst nicht aufhalten sollte, tagsüber wie nachts. Dass in der Dunkelheit der Nacht Orte nicht sicherer werden, ist auch keine große Überraschung. Genauso verhält es sich in den großen Metropolen dieser Welt. Sie mögen denken, dass Sie diese Gegenden im eigenen Land kennen aber im Ausland nicht. Nun, auch dafür sind die Reiseführer gut. Dort finden Sie normalerweise immer Hinweise darauf, welche Gegenden in Städten zu vermeiden sind. Ihr Hotelpersonal wird Ihnen bei Bedarf ebenfalls Auskunft geben. Genieren Sie sich nicht nachzufragen. Es ist ein Thema, das viel offener gehandhabt wird als bei uns.
Wenn Sie sich abends durch die Straßen treiben lassen, sollten Sie nur darauf achten, dass Sie nicht in einsame Straßen geraten. Solange Menschen um Sie herum sind, brauchen Sie nichts zu befürchten. Allerdings sind diese Grenzen manchmal sehr scharf gezogen. Ein kritischer Blick vor betreten einer Seitenstraße ist also durchaus angebracht. Es ist vollkommen unnötig, ängstlich durch die Straßen zu schleichen. Allerdings sollte man reagieren, wenn man beginnt, sich unwohl zu fühlen.

Wie schon in anderen Kapiteln beschrieben, bieten viele Hotels einen kostenlosen Abholservice vom Flughafen. Aber auch wenn man diesen Service extra bezahlen muss, kann sich die Investition lohnen. Sofern auch wirklich ein Fahrer geschickt wurde, besteht die Kunst in erster Linie darin, ihn unter der riesigen Menschentraube am Ausgang des Flugha-

fens zu finden. Um dies zu ermöglichen halten die Fahrer entweder ein Schild mit dem Namen des Hotels oder Ihrem eigenen hoch (bitte an dieser Stelle kreativ mit Hinblick auf die Schreibweise des eigenen Namens umgehen).
Hat man sich gefunden, so wird man von ihm durch die Massen zum Fahrzeug geleitet und direkt in das gebuchte Hotel gebracht.
Die meisten internationalen Flughäfen beheimaten mittlerweile Taxi-Stände, an denen man das Taxi vorausbezahlen kann (festgelegte Tarife), man bekommt einen Zettel, mit dem man sich dann in die Schlange stellt und wartet, bis man an der Reihe ist. Dem Taxifahrer drückt man den Zettel in die Hand und nennt ihm das Hotel (besser zeigt ihm Name und Adresse des Hotels).
Für Einsteiger würde ich die erste Variante empfehlen, da sie eine „sanfte" Ankunft gewährleistet. Die zweite Variante kann man sich ja als "Plan B" im Hinterkopf behalten, falls der Fahrer nicht auftaucht.
Über Verspätungen des Fluges sollten Sie sich nicht allzu viele Gedanken machen. Zum einen können Sie nichts ändern und zum anderen warten diese Fahrer erstaunlich lange. 1-2 Stunden sind da gar nichts. Über ein Trinkgeld werden sie in diesem Fall bestimmt nicht böse sein.
In Ihrem Hotelzimmer angekommen empfehle ich erst einmal, zur Ruhe zu kommen. Packen Sie aus, nehmen Sie eine Dusche, legen Sie sich aufs Bett und geben Ihrem Körper Zeit, vom Reise- in den Ruhezustand zu wechseln, bevor Sie mit dem Gedanken spielen, die neue Welt zu erkunden. Denken Sie daran, dass Sie im Zweifelsfalle übermüdet sind und der Jetlag an Ihnen nagt.

Wann immer man sich entschließt, die neue Welt hinter der Hoteltür zu betreten, man sollte sich einen Plan gemacht haben. Draußen vor der Tür wird vieles sehr schnell wieder als Stress empfunden werden. In diesem Ambiente einen Stadtplan zu studieren und Entscheidungen zu treffen, wohin der erste Ausflug führen soll, ist denkbar unnötig. Dies

lässt sich viel entspannter auf dem Zimmer oder in der Lobby erledigen. Sollte das Hotel in fußläufiger Entfernung zu Ihrem anvisierten Anlaufpunkt liegen, nutzen sie es. Zu wissen, wo das eigene Hotel liegt und es auch wieder zu finden, gibt Sicherheit und entspannt.
Die historischen Zentren sind immer ein guter Startplatz für eine Stadterkundung. Meist ist die Bebauung aufgelockert, oft gibt es Grünanlagen und/oder Plätze, die verkehrsberuhigt sind. Hier finden sich oft Bänke oder andere Möglichkeiten, sich für eine Weile zu setzen und die neuen Eindrücke in Ruhe auf sich wirken zu lassen. Der vielleicht beste Tipp, den ich Ihnen diesbezüglich geben kann: Beobachten entspannt!
Je anstrengender Sie eine Stadt empfinden umso hilfreicher ist es, diese Technik anzuwenden. Machen Sie sich bewusst, dass die eigene Bewegung in einer fremden Umgebung sehr zum Stressaufkommen beiträgt. Speziell am Anfang, wenn vieles noch sehr fremd ist, helfen diese Ruhephasen ungemein. In diesen Momenten kann man sich entspannen, weil man sich nicht selbst durch eine fremde Stadt navigieren muss. Das erleichtert die Aufnahmefähigkeit. Hat man das Treiben dann eine Weile beobachtet, wird man feststellen, dass das Fremde an Fremdheit verliert, plötzlich ist man in der Lage, Strukturen im vermeintlichen Chaos zu erkennen und wird feststellen, dass man sich bereits wesentlich wohler in der noch neuen Umgebung fühlt.

Ein weiterer Grund für Unbehagen resultiert aus der Tatsache, dass man nicht in der Masse untertauchen kann sondern heraussticht.
Selbst ungeachtet Ihrer ethnischen Herkunft kann ich Ihnen jedoch versichern, dass Sie als Tourist, ob pauschal oder individual unterwegs, ohnehin sofort als solcher erkannt werden, bereits lange bevor Sie den Mund aufmachen. Allerdings sollte man versuchen, unter den Touristen nicht noch besonders aufzufallen. Offensichtliche Zurschaustellung von großen Kameras, Schmuck und anderen Begehrlichkeiten

weckenden Accessoires sollten vermieden werden. Nicht dass alle Passanten Überlegungen anstellen, wie man Sie wohl um diese Gegenstände erleichtern könnte. Nein, aber Sie demonstrieren damit, dass Sie offensichtlich über Geld verfügen. Folglich sind Sie für viele Gewerbetreibende ein potenzieller Kunde. Generell genießen Sie mehr Ruhe, je unauffälliger und selbstsicherer sie auftreten.
Wenn Sie sich in einer Stadt bewegen, sollten Sie versuchen, nicht mit einem Stadtplan in der Hand durch die Straßen zu laufen. Versuchen Sie sich lieber treiben zu lassen und ab und zu eine Pause auf einer Bank oder in einem Café dazu zu nutzen, sich wieder neu zu orientieren. Diese Art von Stadtbummel ist wesentlich entspannender als unbedingt zu versuchen, dem kürzesten Weg zu folgen. Erwarten Sie auch nicht, dass Ihnen die Einheimischen den Weg auf der Karte zeigen können. Eine Karte oder Stadtplan ist für sie meist zu abstrakt. Sie haben keine Übung im Umgang mit diesen Zeichnungen und eine Orientierung ist ihnen meist nicht möglich. Sie werden Ihnen immer das Ziel als Himmelsrichtung angeben wollen. Aber Vorsicht, auch hier gibt es einige Tücken (siehe Kapitel „**Mentalitäten**").
Eine gute Möglichkeit, neue Energie zu tanken, sind Essens- und Getränkepausen. Eine wunderbare Art sich zu regenerieren ist ein kleines Nickerchen auf dem Hotelbett, sofern es sich zur Mittagszeit in greifbarer Nähe befindet. Die Beine und Füße sind ohnehin schnell ermüdet, so dass eine kurzzeitige Horizontallage ein wahrer Segen ist. Süd-Ost-Asien bietet bzgl. dieses Themas auch gerne Fuß- und Beinmassagen an, die ähnliche bzw. noch bessere Erfolge versprechen.

In anderen Kulturen ist aktiver Kundenfang eine Selbstverständlichkeit. Was auch immer an Dienstleistung oder Produkt unters Volk gebracht werden soll, es wird verbal und gestenreich versucht.
Es mögen Kellner sein, die ihre noch leeren Tisch füllen möchten oder Teppichhändler, die ihre Stücke als unwiderstehlich betrachten und alles daran setzen werden, dass Sie

ebenso empfinden. Wenn Sie an den Geschäften vorbeilaufen, wird man versuchen Sie hinein zu locken. Erst einmal drinnen, wird eine verbale Dauerberieselung über Sie hereinbrechen, die Ihre persönlichen Vorlieben meist gänzlich ignoriert. Dieser Verkaufseifer wird Ihnen in vielen Ländern Asiens begegnen. Auch hier gilt es, sich mit einigen Techniken vertraut zu machen, um sich nicht der Gefahr auszusetzen, nach kurzer Zeit entnervt aufzugeben.
In unserer Kultur sind wir es gewöhnt, Menschen Aufmerksamkeit zu schenken, die mit uns in Kontakt treten wollen. Würde man in dieser Situation sein Gegenüber einfach ignorieren, käme es einem Affront gleich. Auf Reisen sollte man jedoch etwas flexibler mit seiner wohlgemeinten Erziehung umgehen. Dies fällt jedem westlichen Touristen erst einmal schwer und viele schaffen es tatsächlich nie.
Erhält man eine dieser Kaufaufforderungen, ist man geneigt, sofern kein Kaufinteresse besteht, das Angebot mit einem *"no thank you"*, begleitet von einem netten Lächeln, abzuschlagen. Man wird sehr bald feststellen, dass dieser Weg, sein nicht vorhandenes Kaufinteresse zu vermitteln, nicht zu dem gewünschten Ergebnis führt. Jede Form der Kontaktaufnahme wird als mögliche Kaufabsicht gewertet. Da reicht der Blickkontakt oder ein Lächeln vollkommen aus. Möchten Sie, dass der Verkäufer von Ihnen möglichst bald wieder abläset, hilft oft nur, ihn als Person zu ignorieren. Sie werden feststellen, dass Ihnen kein verachtender Fluch entgegenschlägt, sondern im Idealfall sofortige Ruhe.
Vor vielen Jahren hatte ich zu diesem Thema ein Schlüsselerlebnis. Ich verbrachte 5 Tage in Varanasi in Nordindien, der heiligsten Stadt des Hinduismus. Seit über 2500 Jahren herrscht hier Massentourismus in Form von Pilgerscharen. Hier ist der ausländische Tourist klar in der Minderheit, er darf getrost vernachlässigt werden. Das große Geschäft wird mit den eigenen Landsleuten gemacht. Ein ebenso segensreicher wie seltener Zustand, bietet sich doch auf diese Weise die Gelegenheit, die abwehrende Technik der einheimischen

Touristen zu studieren. Und siehe da, im Grunde wendeten sie die gleiche Technik an wie die von mir beschriebene. Ohne Blickkontakt aufzunehmen, winken sie mit einer kleinen Bewegung des Handgelenks bei ausgestrecktem Zeigefinger den Verkäufer ab. Die Hand bleibt dabei unten, kaum wahrnehmbar. Diese Geste hat in ganz Indien hervorragend funktioniert und auch in vielen anderen Ländern hatte ich damit Erfolg. Gibt sie doch immerhin zu verstehen, dass man die Bemühungen des Händlers registriert hat, aber wirklich nicht interessiert ist. Die indische Variante eines Lächelns, so habe ich es mir übersetzt.

Selbstverständlich kommt man damit nicht überall weiter, aber für den Alltagsgebrauch in vergleichbaren Ländern schon sehr hilfreich. Ich erinnere mich an besonders hartnäckige Vertreter in Siem Reap in Kambodscha. Betrat man ihren Kleiderstand, wurde man sofort bestürmt und bekam alle möglichen Stücke lautstark unter die Nase gehalten. Man hatte nicht die geringste Chance, sich selbst umzuschauen. Hier hilft dann nur noch spontane Flucht oder, wenn man sich kurzzeitig verständlich machen kann, die Androhung derselben. Schafft man dieses Vorhaben zu vermitteln, tritt in der Tat meistens Ruhe ein.

Aber auch hier der mit Abstand beste Tipp, versuchen Sie diesen Situationen mit Humor zu begegnen.

Tipps für einen gelungenen Start

Im Kapitel „**Keine Angst vor großen Städten**" bin ich bereits auf die entscheidenden Zusammenhänge zwischen An- und Entspannung eingegangen. Da die Auseinandersetzung mit diesen Metropolen in der Regel zu den stressigsten Eindrücken einer Reise zählen, stellt sich durchaus die Frage, warum man die Reise ausgerechnet hier beginnen sollte.
Um dies zu verhindern, gibt es im Wesentlichen zwei Varianten.
Ist man mit einem Mietwagen unterwegs und nimmt diesen am Flughafen in Empfang, so empfiehlt es sich, die Reise abseits der Metropole zu beginnen. Eine kleinere Stadt oder eine ländliche Region bieten sich hier an.
Zu bedenken ist in diesem Zusammenhang der Stress und die Ermüdung, den die Anreise bis zur Fahrzeugübernahme ausgelöst hat.
Ein Beispiel: Nach 30-stündiger Anreise nach Neuseeland sollte man sich gut überlegen, ob man sich mit einem unbekannten Fahrzeug und dem dort herrschenden Linksverkehr auseinandersetzen möchte. Auf der anderen Seite kann man nach einem Nachtflug nach Südafrika, auf dem man verhältnismäßig gut geschlafen hat (keine Zeitverschiebung), durchaus den Versuch unternehmen, mit dem hier ebenfalls anzutreffenden Linksverkehr zurecht zu kommen. Wie man sieht, lassen sich hierzu unendlich viele Szenarien entwickeln. Da jeder Mensch sehr unterschiedlich auf Stress reagiert, können hier auch keine allgemeingültigen Tipps gegeben werden. Man sollte seine Aufnahmefähigkeit und Reaktionszeiten nach einer längeren Anreise nur nicht überschätzen, sonst endet die Reise, bevor sie richtig begonnen hat.
In diesem Zusammenhang fällt mir ein passendes Beispiel aus dem Jahr 2012 ein.

Ich hatte einen Abendflug von Frankfurt Hahn nach Malaga gebucht. Dort wollte ich vom Flughafen mit einem Mietwagen in die Stadt fahren, dort übernachten und am nächsten Tag weiterreisen. Mein Flugzeug landete gegen 20 Uhr. Es dauerte allerdings bis 21.30 Uhr, bis ich letztendlich im Mietwagen saß. Man wies mir einen Smart zu, und ich freute mich darauf, dieses Auto einmal fahren zu können. Da ich bisher nur sehr konventionelle Fahrzeuge gewöhnt war, stellte mich die Technik des Smart mit seiner Halbautomatik vor eine echte Herausforderung.
Dieses völlig neue Fahrgefühl, gekoppelt mit der Tatsache, dass es schon 22 Uhr war und ich nicht mehr richtig aufnahmefähig, führte zu unerwartetem Stress.
Das Navigationsgerät war für mich auf die Schnelle ebenfalls nicht einstellbar, so dass ich mit einem Stadtplan (den ich mir vorher zum Glück ausgedruckt hatte) Vorliebe nehmen musste. Mich hatte zugegebenermaßen überrascht, wie schnell ich mich aus der Ruhe habe bringen lassen und dies, obwohl ich Europa noch nicht verlassen hatte und Schlafentzug keine Rolle spielte. Diese kleine Episode soll nur aufzeigen, dass man sich schneller überschätzt als man denkt.

Die 2. Variante, die Großstadt am Anfang zu meiden, ist im Grunde die zu bevorzugende.
Sie besteht darin, vom Ankunftsflughafen gleich einen Anschlussflug zu ruhigeren Destinationen wahrzunehmen. Also weg von den Metropolen, hin zu leichter verdaubaren Zielen.
Ein paar Beispiele: Von Bangkok aus käme ein Weiterflug zu den Stränden des Landes in Frage (Phuket, Ko Samui) aber selbst Chang Mai, die größte Stadt im Norden, ist mit ihren gut 200.000 Einwohnern eine echte Alternative zu Bangkok mit knapp 7 Mio. In Neuseeland ist Wellington oder Christchurch entspannter als Auckland. Wer in Ho-Chi-Minh-Stadt (früher Saigon) ankommt, um Vietnam einen Besuch abzustatten, mag sich vielleicht erst an einem Strand auf Phu Quoc akklimatisieren, anstatt sich gleich mit der Metropole

selbst auseinanderzusetzen. Um auch für Südamerika ein Beispiel zu benennen. Anstatt sich in Argentinien gleich mit Buenos Aires anfreunden zu müssen, startet man vielleicht besser mit Städten wie Merida, Mendoza, Salta, Bariloche oder beginnt mit den Wasserfällen von Iguazú.

Es gibt allerdings zwei Voraussetzungen für diese Art der Großstadtvermeidung.

1. Man ist nach der eigentlichen Anreise noch nicht zu geschafft und hat noch die Energie für die Bewältigung eines Anschlussfluges.
2. Es gibt überhaupt einen passenden Anschlussflug.

Man sollte bei Inlandsflügen mindestens zwei, besser drei Stunden Zeit zwischen den Flügen zur Verfügung haben. Es gilt schließlich, sein Gepäck in Empfang zu nehmen (ggf. mit Zollkontrolle) und formell in das Land einzureisen. Anschließend muss das Gepäck wieder aufgegeben werden, die Sicherheitskontrolle ist erneut zu passieren und der Weg zum Flugsteig muss zurück gelegt werden. Die Laufwege zwischen den Terminals sind zusätzlich einzukalkulieren. Diese Prozedur ist wirklich nur dann zu empfehlen, wenn sich abschätzen lässt, dass man den internationalen Flug halbwegs entspannt hinter sich bringen wird. Gibt es dann noch eine passende Flugverbindung, sollte man die Chance nutzen und dem weniger hektischen Zielort den Vorzug geben.

Sämtliche sonst zu empfehlenden Maßnahmen sind dem Kapitel „**Keine Angst vor großen Städten**" zu entnehmen. Die dort aufgeführten Punkte lassen sich mit gleichem Erfolg auch auf kleinere Zielorte übertragen. Hat man sich dann erst einmal an das neue Land gewöhnt, kann man sich die betreffende Großstadt am Ende der Reise vor dem Rückflug zu Gemüte führen. Mit Sicherheit wird man die Stadt dann besser genießen können. Auch Einkäufe für Zuhause sind so leichter zu handhaben.

Trekking in Nepal

Ich habe mich entschlossen, Ihnen Nepal als Trekkingland näher zu bringen, weil es als solches wie kein anderes Land in Asien für Individualreise-Neulinge geeignet ist und dabei in mehrfacher Hinsicht eine absolute Ausnahmestellung einnimmt. Die entscheidenden Aspekte vorab als Schlagwörter:
- atemberaubende Bergwelt
- interessante Hauptstadt und Umgebung
- beeindruckende Kultur
- sehr freundliche Bewohner
- gute Infrastruktur
- gute Unterkünfte
- sehr gutes Preis-Leistungsverhältnis

Auf die Schönheit der Bergwelt des Himalayas und damit die Hauptmotivation, dieses Land zu bereisen, möchte ich an dieser Stelle nicht eingehen, sie wird bekannt sein. Es sei nur so viel gesagt, am Fuß dieser Bergriesen zu stehen, ist ein zutiefst beeindruckendes Erlebnis.

Es gibt zwei klassische Trekkingrouten. Die eine ist der legendäre *„Annapurna-Circuit"*, die andere der nicht minder beliebte *„Everest-Basecamp-Trek"*.

Je nach Routenwahl muss man mit zwei bis drei Wochen reiner Wanderzeit rechnen. Da es in beiden Gebieten seit vielen Jahrzehnten kleine Flughäfen gibt, ist der Weg zurück in die "Zivilisation" nie sonderlich lang - vorausgesetzt das Flugwetter spielt mit. Wer es sich also einrichten kann, drei, besser dreieinhalb Wochen Urlaub zu nehmen und gerne wandert, wird eine unvergessliche Zeit in diesem Land verbringen.

Ich selbst habe beide Wanderungen je zweimal während der vergangenen 12 Jahre unternommen und war jedes Mal aufs Neue total begeistert.

Trekking in Nepal

Wer sich mit Nepal beschäftigt und gegenüber einer längeren Wanderung mehr zu- als abgeneigt ist, wird bald vor der Frage stehen, welches der beiden Gebiete besucht werden soll. Nun, sie sind beide auf ihre Art sehr reizvoll und allemal zwei Reisen wert. Nichtsdestotrotz möchte ich beide Gebiete und ihre Unterschiede beschreiben.
Der Annapurna-Circuit umrundet ein gewaltiges Bergmassiv und hat eine Länge von ca. 270 km. Der Annapurna I als auch der Daulaghiri sind die 8000er, denen man hier auf Tuchfühlung begegnet.
Als ich im Jahr 2000 den Weg das erste Mal ging, gab es noch keinerlei Straßenabschnitte und bis auf 2 kleinere Landepisten konnte man sich nur zu Fuß bewegen. Spätestens im Jahr 2015 wird das Gebiet jedoch bis auf die eigentliche Passüberquerung an das öffentliche Straßennetz angebunden sein. Ich hatte große Bedenken, als ich 2012 die Runde wiederholte. Der Gedanke, auf Schritt und Tritt mit Motorenlärm konfrontiert zu sein, war wenig verlockend, zumal ich den Zustand von früher noch in lebhafter Erinnerung hatte. Zu meiner Beruhigung durfte ich feststellen, dass es genügend Ausweichrouten gibt, um die Straße zu meiden, die "Runde" also nur bedingt von ihrer Schönheit eingebüßt hat.
Der Weg beginnt auf einer Höhe von 800 Metern und steigt bis auf 5400 Meter an, bevor er wieder auf 1200 Meter abfällt. Man durchläuft also mit Ausnahme der Tropen sämtliche Klimazonen dieser Erde. Aber auch ohne diese höhenbedingte Vielfalt gibt es erstaunliche Gegensätze von Landschaft und Vegetation. Bis auf die zwei Tage der eigentlichen Passquerung durchwandert man immer bewohnte Gegenden und der Einblick in die Kultur dieser Bergbewohner stellt eine zusätzliche Bereicherung dar. Der Flughafen und die Straßen bieten zudem zahlreiche Varianten, die Runde den eigenen Bedürfnissen anzupassen. Der Startpunkt der Wanderung kann von Kathmandu aus in einem langen Tag mit dem Bus erreicht werden, was die An- und später die Abreise kalkulierbar macht.

Im Gegensatz dazu fordert der *Everest-Basecamp-Trek* mehr zeitliche Flexibilität von den Trekkern. Der Grund liegt in der Nutzung des Flughafens in Lukla. Auf diesen könnte zwar theoretisch verzichtet werden, aber dann müsste man 12 bis 14 zusätzliche Tage für die Wanderung von und nach „Jiri" einplanen (letzter sinnvoll über eine Straße zu erreichender Ort von Kathmandu aus).

Dies ist jedoch eine nicht zu unterschätzende Kraftanstrengung, da es täglich mindestens 1000 Höhenmeter hinauf und wieder bergab geht. Als ich diese Strecke 2009 gelaufen bin, traf ich erwartungsgemäß auf sehr wenige andere Wanderer. Aber kommen wir zum eigentlichen Problem hinsichtlich der Rückflüge, dem Wetter. Die kleinen zweimotorigen Maschinen können nur auf Sicht fliegen und der Flug muss abgebrochen werden, wann immer dies nicht mehr zu gewährleisten ist. Aber auch starke Winde können dazu führen, dass die Maschinen nicht landen können. Entsprechend unverlässlich ist der Flugbetrieb. Speziell für den Rückflug sollte man sich mindestens einen, besser zwei bis drei Tage als Reserve aufsparen. Es soll zwar schon ganze Wochen gegeben haben, in denen keine Flüge möglich waren, aber dies sind eher die seltenen Ausnahmen. Tatsache ist, dass ein "Hängenbleiben" in Lukla dazu führen kann, dass man seinen internationalen Rück- oder Weiterflug verpasst und größere finanzielle Einbußen in Kauf nehmen muss.

Einmal abgesehen von diesem Nachteil geht es in Lukla auf 2800 Metern gleich etwas kurzatmig los. Da der Weg zu Beginn wieder auf 2500 Höhenmeter abfällt und dort auch übernachtet werden kann, besteht bei der Akklimatisation nicht wirklich ein Problem.

Der Basecamp-Trek ist keine Runde, sondern wie der Name vermuten lässt, führt er zum Basislager für die Everest-Expeditionen auf 5200 Metern und wieder auf gleichem Weg zurück. Wer nur dieses Ziel vor Augen und wenig Zeit zur Verfügung hat, kann, sofern die Flugbedingungen stimmen, diese Strecke von und nach Kathmandu theoretisch in 12

Tagen bewältigen. Wer allerdings bereit ist, eine Woche mehr zu investieren, kann aus dieser Oneway-Strecke mit etwas Wetterglück bei den zu querenden Pässen eine Traumrunde gestalten.

Das Besondere bei beiden Varianten ist die Möglichkeit, mit leichtem Gepäck von Unterkunft zu Unterkunft zu wandern, ohne auf eine organsierte Tour angewiesen zu sein. Wer die üblichen 8-15 kg Gepäck (je nach persönlichen Bedürfnissen) nicht selber tragen möchte, kann vor Ort einen Träger anheuern, so dass sich das tatsächlich zu tragende Gewicht noch einmal stark reduzieren lässt. Ein Träger lässt sich zudem unterwegs immer noch anheuern, so dass keine Notwendigkeit besteht, schon zum Tour-Start eine Entscheidung darüber zu treffen. Die Routen sind gespickt von Unterkünften und Einkehrmöglichkeiten, so dass die Tagesetappen leicht dem persönlichen Bedürfnissen angepasst werden können. Alle Unterkünfte bieten Verpflegung an, oder besser ausgedrückt, es wird erwartet, dass man hier auch seine Mahlzeiten zu sich nimmt. Der Grund ist in der Geschichte der sogenannten Teehäuser zu suchen. Sie wurden zu einer Zeit etabliert, in der noch keine Touristen unterwegs waren. Die Einheimischen, die aufgrund von Handel, Besuchen etc. reisen mussten, konnten dies aus Mangel an Straßen nur zu Fuß. Aufgrund der großen Entfernungen waren sie gezwungen, zu übernachten und sich zu verpflegen. Diese Möglichkeit bekamen sie in den Teehäusern geboten. Hier zahlten sie für die Verpflegung und durften dafür kostenfrei übernachten. Wenn auch nicht in dieser ursprünglichen Form, so ist doch im Ansatz diese Methode erhalten geblieben. Die Übernachtungsgebühren sind mit 1-3 Dollar eher symbolischer Natur, die Einnahmequellen sind weiterhin Essen und Getränke.

In den letzten Jahren sind viele dieser Teehäuser saniert bzw. neu gebaut worden. Der Standard hat sich dadurch außerordentlich erhöht, und nicht selten gibt es mittlerweile Zimmer mit Bad, was vor wenigen Jahren noch völlig undenkbar gewesen wäre. Angeboten werden generell Doppelzimmer, wer alleine reist, zahlt je nach Saison die Hälfte oder kommt nur in den Genuss eines kleineren Abschlags. Da, wie zuvor dargestellt, das Geld nicht mit den Übernachtungsgebühren eingenommen wird, sind die möglichen Mehrkosten aufgrund der Einzelzimmernutzung ohnehin zu vernachlässigen (ca. 20 Dollar während einer 3-wöchigen Tour). Der Standard reicht von 6 m² kleinen Zimmern mit Brettertrennwand zum Nebenzimmer bis zu geräumigen, geschmackvoll eingerichteten Zimmern mit eigenem Bad und massiven Trennwänden. Die Preisdifferenz ist meist jedoch nur marginal und so lohnt durchaus ein Vergleich der Unterkünfte vor Ort. Im Jahr 2012 gab es noch keine beheizten Zimmer und ich denke, an diesem Zustand wird sich lange Zeit nichts ändern. Die Mitnahme eines guten Schlafsacks ist somit obligatorisch. Zwar steigen die Temperaturen in Kathmandu (1.300 Metern ü.NN) tagsüber gerne auf über 30 Grad, aber auf 4.300 Metern Höhe erreicht das Thermometer nur noch ca. 10 Grad (Tagesmaximal-Temperatur). Während der Nacht dürfen dann weitere 20 Grad abgezogen werden, so dass ein gut isolierender Schlafsack eine nicht zu unterschätzende Wohlfühl-Garantie darstellt. Normalerweise sind die sanitären Einrichtungen auf der Etage oder auch mal außerhalb des eigentlichen Gebäudes untergebracht und zugegebenermaßen etwas gewöhnungsbedürftig. Die Toilette ist meist ein Hock-Klo ohne Spülung. Dafür steht eine Wassertonne bereit. Befindet man sich in Lagen zwischen 4000-5000 Meter Höhe, ist Nachtfrost ein Dauerthema. Wasser in flüssigem Zustand zu halten, kann dann nicht immer gewährleistet werden. Dadurch lässt das Erscheinungsbild der Sanitäranlagen meist zu wünschen übrig. Ein weiteres Dauerthema stellt die Dusche dar. Solange Wasser in flüssiger Form vorliegt, kann es zum Duschen bzw. Schöpfen in einem dafür vorgesehenen Raum genutzt werden. Dies mag in den subtropischen Niederungen noch angenehm sein, in den Bergen nach Sonnenuntergang eher weniger. Hier soll die überall bewor-

bene "Hot Shower" der Teehäuser helfen. "Hot" sollte man nicht wörtlich nehmen, "warm" wäre die angebrachtere Bezeichnung. Zwar werden mehr und mehr Gebiete an das Stromnetz angeschlossen, der Betrieb von elektrischen Warmwasserbereitern ist jedoch noch lange nicht in Sicht. Meist wird auf Sonnenenergie zurückgegriffen, die mehr oder weniger wirkungsvoll eingefangen wird. Die einfachste Art stellt ein großer schwarzer mit Wasser gefüllter Container auf dem Dach dar. Sein Inhalt wird von der Sonne im Laufe des Tages erwärmt. Im Idealfall wird eine Wassertemperatur erreicht, welche die Überwindung, sich überhaupt in direktem Kontakt mit Wasser zu begeben, deutlich erleichtert.
Mittlerweile gibt es aber auch effizientere Systeme, die höhere Wassertemperaturen erreichen, meist sind sie jedoch defekt. Ganz vereinzelt stößt man auf gasbetriebene Warmwasserbereitung, was zu ungeahnten Glücksmomenten führen kann.
Es ist jedoch eine Tatsache, dass je prekärer sich die Duschsituation darstellt, umso geringer das Bedürfnis ist. Zum einen wird die Luft immer kälter und trockener je höher man kommt, entsprechend wenig bis gar nicht wird geschwitzt. Zum anderen laden die Außentemperaturen nicht dazu ein, Kleidungsstücke abzulegen. Zur allgemeinen Beruhigung kann festgehalten werden, dass nahezu jede Unterkunft einen Eimer wirklich heißen Wassers aus der Küche zur Verfügung stellt, mit dem eine Katzenwäsche im Nassraum durchgeführt werden kann.
Da wären wir auch schon beim nächsten Thema. Die Küche. Früher waren Küche und Essraum immer eine Einheit. Auch heute findet man noch vereinzelt diese ursprüngliche Variante und hat damit den Vorteil, den Betreibern beim Kochen zuschauen zu können und sich gleichzeitig am wärmsten Ort des Hauses zu befinden. Wurde der Essensraum für die Gäste von der Küche getrennt, steht hier ebenfalls ein Ofen.

Es gibt Speisekarten mit mehr oder weniger immer den gleichen Variationen. Primär dreht sich alles um Kohlenhydrate. Neben Nudeln und Reis stehen immer auch selbst angebaute Kartoffeln zur Verfügung sowie haltbare Gemüse wie Kohl oder Zwiebeln und Eier. In den unteren Höhenlagen kommt Hühnerfleisch als Eiweißlieferant hinzu. Selten steht getrocknetes Yak-Fleisch zur Verfügung. Geschmacklich gar nicht übel, eine Überlastung des Kiefergelenkes ist allerdings nicht auszuschließen.

Abgesehen von der großen Bandbreite an Tütensuppen ist ansonsten viel hausgemacht. Auch Pizza und andere italienische Klassiker fehlen selten auf einer Karte. Das Ergebnis ist jedoch vollkommen unkalkulierbar. Die Pizza kann besser sein als so manche aus Italien (einmal erlebt) oder es ist lediglich die runde Form, die an die Namensgeberin erinnert. So sehr sich die Speisekarten ähneln, so wenig unterscheidet sich das Essen voneinander. Allerdings gibt es immer wieder ungeahnte Überraschungen. So kann es passieren, dass man auf 4500 Metern vorzüglich frisch gebackene Zimtschnecken bekommt, oder auf 4800 Metern ein köstlich überbackenes Nudelgericht. Mein bestes Chicken-Biryani (Indisches Reisgericht) habe ich auf dem Everest-Basecamp-Trek zu essen bekommen. Zum Frühstück steht sowohl das übliche Ei-Programm inkl. Pancake zur Verfügung als auch Porridge und durchaus brauchbares Müsli. Die Getränkekarte beinhaltet sämtliche Heißgetränke, die üblichen Verdächtigen unter den Softdrinks sowie ein bis zwei Sorten Bier, Wein und einheimischen Whisky.

Abgerundet wird das Angebot von den bekannten Riegeln, Chips, Klopapier, Seife und sonstige brauchbare Kleinteile.

Insgesamt kann man sich, in Anbetracht des Terrains in dem man sich bewegt, wirklich nicht beklagen. Das Angebot an Unterkünften und Verpflegung ist hervorragend. Lediglich die sanitären Einrichtungen und Matratzenstärken lassen ab und an zu wünschen übrig. Schon um dieses Risiko zu vermeiden, lohnt ein vergleichender Blick in die Nachbarherberge. Ich habe festgestellt, dass sich die eigenen Bedürfnisse nach einigen Tagen ganz erheblich reduzieren. Je nach Länge der Tagesetappen, aber spätestens ab 3500 Metern Höhe, wenn die Luft merklich dünner wird, verliert sich das Anspruchsdenken quasi von alleine, eine sehr positive Erfahrung.

In Sachen Kriminalität ist mir nichts bekannt. Während meiner vier Aufenthalte in Nepal bin ich oft tagelang alleine durch die Gegend gelaufen. Es wäre ein Leichtes gewesen, mich um meine Habseligkeiten zu erleichtern. Auch habe ich nichts Beunruhigendes von anderen Wanderern gehört. Dies soll nicht bedeuten, dass es hier so etwas nicht auch geben mag, die Gefahr ist meines Erachtens jedoch weit geringer als in Europa. Angst davor, körperliches Leid zugefügt zu bekommen ist vollkommen unberechtigt. Von Gewaltanwendung gegenüber Touristen habe ich noch nie gehört.
Eine viel realistischere Gefahr ergibt sich aus der Tatsache, dass wir uns in den Bergen bewegen, zum Teil in hochalpinem Gelände. Es ist nicht die Ausgesetztheit oder Steilheit der Wegführung, die uns Schwierigkeiten macht, sondern vielmehr die höhen- und erosionsbedingten Begleitumstände. Steht man nicht auf einem Gipfel, haben Berge üblicherweise die Eigenart, dass von oben etwas herunterfallen kann. Die größere Gefahr geht von Wetterumschwüngen aus. Starke Regenfälle können die Begehbarkeit von Wegen stark einschränken. Noch kritischer wird es, wenn man sich in Höhen zwischen 3500 und 5500 Meter bewegt. Hier fallen die Niederschläge zumeist als Schnee und die Sichtweite kann auf wenige Meter begrenzt sein. In Verbindung mit Wind und Kälte und einer nicht ausreichenden Kleidung bzw. nicht vorhandenen Notausrüstung wie z.B. einen Biwaksack, kann es schnell zu lebensbedrohlichen Situationen kommen. Dies trifft zwar generell für alle Berge zu, doch ist es ein Unterschied, ob ich auf einer Höhe von 3000 oder 5000 Metern den Elementen der Natur ausgesetzt bin. Abgesehen von der Kälte ist es der fehlende Sauerstoff, der diese Höhen zu Aus-

nahmegebieten macht. Die Schrecken verbreitende Höhenkrankheit hat jeder Wanderer selbst im Griff. Es gibt eindeutige Anzeichen dafür, falls man betroffen ist. Jeder Reiseführer über diese Region geht ausführlich auf Symptome und daraus folgende Verhaltensweisen ein. Diese zu beherzigen und umzusetzen ist eine Frage von Selbstverantwortung und Selbstkontrolle. Nichts desto trotz stellt die Wanderung spätestens ab 4000 Meter immer eine körperliche Herausforderung dar. Die Luft ist merklich dünner und alle Bewegungen, insbesondere jene bergauf, sind mit Kurzatmigkeit und Schwächegefühlen verbunden. Je länger man sich in diesen Höhen aufhält, umso "leichter" wird man sich im Umgang mit der Höhe tun, ein Spaziergang wird es während der relativ kurzen Aufenthaltsdauer allerdings nie werden. So unangenehm die Erfahrung auch sein mag, so interessant ist sie auch. Das Gefühl der körperlichen Schwäche vergeht in der Regel, sobald man sich wieder bergab bewegt. Zusammenfassend zum Thema Sicherheit kann geraten werden, sich an instabilen Tagen sowie an Tagen in großer Höhe mit anderen Wanderern zusammenzuschließen. Dies stellt kein Problem dar, da man sich (zumindest in der Saison) nie alleine in den Unterkünften befinden wird. Kurzum, wer sich in der Lage fühlt, die Ratschläge, Mahnungen und Vorsichtsmaßnahmen, die für diese Wanderungen auf wenigen Seiten in den Reiseführern zusammengefasst sind umzusetzen, sollte keinerlei Probleme haben. Die Gefahr ist viel größer, auf heimischen Straßen zu Schaden zu kommen.

März, April und Mai sowie September, Oktober und November ist Saison. Dies hängt einzig mit den beiden Jahreszeiten zusammen. Die Trockenzeit von Oktober bis Mai und die vom Sommermonsun geprägten Monate Juni-September. Dezember bis Februar sind die kältesten und vegetationsärmsten Monate und aus diesen Gründen wenig genutzt. Das Wetter ist gut und die Sicht hervorragend.
Der Zeitraum von Mitte Oktober bis Mitte November ist der beliebteste. Die Temperaturen sind mild, die Sicht auf die

Berge ist klar. Zudem ist Erntezeit mit regem Treiben auf den Feldern. Dagegen gibt es im Frühjahr eine Vielfalt an blühenden Pflanzen mit einem leicht höheren Risiko an nachmittäglichen Gewittern und damit verbunden eingetrübter Sicht.
Für all jene, die weniger stark frequentierte Pfade suchen, empfiehlt sich der März. Meist sind die Tage und Nächte schon etwas wärmer und in tieferen Lagen erwartet einen die Rhododendrenblüte.

Eine wunderbare Informationsquelle rund um dieses Thema bietet die Webseite: **www.nepal-dia.de**

Man mag sich fragen, ob eine Wanderreise in Nepal für einen Individualreise-Neuling geeignet sein mag. Nun, die Zeit des Wanderns ist es definitiv. Die beschriebenen Unterkünfte und Wegmarkierungen in Verbindung mit zu erwerbendem Kartenmaterial und einem das Gebiet beschreibenden Reiseführer bieten beste Voraussetzungen für organisatorisch entspannte Wochen.
Was bleibt, ist die An- und Abreise zum Ausgangs- bzw. Endpunkt der Wanderung. Die Flüge nach und von Nepal stellen keine Herausforderungen dar. In aller Regel wird man aufgrund von Flugpreis und Verbindungszeiten eine Fluggesellschaft der Golfstaaten wählen und einige Stunden an einem ihrer Flughäfen im Transitbereich verbringen.
Bleibt Kathmandu als nicht zu unterschätzende asiatische Metropole. Da die Stadt mit einer Millionen Einwohnern hauptsächlich hinduistisch geprägt ist, kann es durchaus mit einer indischen Stadt verglichen werden. Ein Kulturschock ist also nicht gänzlich auszuschließen. Aus diesem Grund empfehle ich wieder einmal, die Reservierung eines Hotels von zu Hause aus vorzunehmen. Auch wenn ich kein Freund von namentlichen Benennungen von Hotels und Restaurants bin, möchte ich an dieser Stelle eine Ausnahme machen. Das Kathmandu-Guesthouse bietet im Herzen von Thamel (das Stadtviertel mit sämtlichen touristischen Einrichtungen)

Zimmer für jeden Geldbeutel (Doppelzimmer von 4-180 $US). Das Hotel bietet darüber hinaus einen verlässlichen Abholservice vom Flughafen an und stellt trotz seiner zentralen Lage eine kleine Oase dar. Die Rezeption kann Bus- oder auch Flugtickets für die Weiterreise besorgen. Man wird eine Provision von 10-20% aufschlagen, dafür haben Sie aber keine Rennerei in einem Ihnen unvertrauten Terrain. Vom Hotel aus lässt sich wunderbar die Stadt zu Fuß erkunden und der hoteleigene Restaurantbereich lässt keine Wünsche offen. Wer sich mit Kathmandu vertraut gemacht und andere Reisende gesprochen hat, wird bald zu der Einsicht gelangen, dass das Kathmandu-Guesthouse zu wenig authentisch und vor allem für die Leistungen zu teuer ist. Für Zimmer und Essen zahlt man mindestens 30% mehr als in vergleichbaren Unterkünften. Dennoch denke ich, dass man als Individualreise-Neuling hier bestens aufgehoben ist. Das Hotel zu wechseln für den Fall, dass einem beim Stadtrundgang ein anderes besser gefallen sollte, ist nie ein Problem. Übrigens bieten alle Hotels den Service an, das für Wanderungen überflüssige Gepäck (Straßenschuhe, Kleidung für den Flug etc.) bis zur Rückkehr aufzubewahren.

Schräg gegenüber vom Kathmandu-Guesthouse gibt es das Restaurant "New Orleans". Für eine sanfte Landung in einer derart unterschiedlichen Kultur ebenfalls eine echte Oase.

Wie viele Tage man in Kathmandu verbringt, bevor man sich zur Weiterreise entschließt, hängt vom persönlichen Zeitplan ab. Ich empfehle mind. einen vollen Tag, um dem Körper Zeit zu geben, sich an die neuen Gegebenheiten anzupassen und entspannt die Weiterreise angehen zu können.

Im Falle vom *Everest Base Camp Trek* wird der Weg zurück zum Flughafen führen (Taxi vom Hotel), um den Flug nach Lukla anzutreten. Das Flugticket hat man sich entweder von zu Hause aus über das Internet bestellt (Tickets können dann beim Hotel hinterlegt werden) oder man beauftragt das Hotel mit dem Kauf vor oder nach der Ankunft. Selbstverständlich ist es auch möglich, in einem der zahllosen Reise-

büros in Thamel ein Ticket zu erstehen. Ist man in der Hauptsaison unterwegs, sollte man den Ticketkauf einige Wochen zuvor von zu Hause ins Auge fassen, da die Maschinen klein und die Ticketanzahl damit begrenzt ist (siehe hierzu „**Flüge & Co. über das Internet buchen**").
Außerdem empfehle ich eine möglichst frühe Maschine zu nutzen (6-8 Uhr), da zu dieser Zeit die Flugwetterbedingungen immer am stabilsten sind. Flüge, die später zwar noch auf dem Flugplan ausgewiesen sind, können oft nicht mehr durchgeführt werden. Damit würde man „verlorener" Zeit zumindest vorbeugen.
Der Inlandsflughafen ist für unseren Geschmack chaotisch zu nennen, verlässliche Auskünfte sind eine Seltenheit und man sollte die flugnummernausrufenden Bediensteten lieber einmal zu viel als einmal zu wenig mit den eigenen Flugdaten konfrontieren. Einen Flug hat man trotz Anwesenheit im Warteraum schnell mal verpasst.
Sitzt man dann erst einmal im Flugzeug kann man nur hoffen, dass das Wetter hält und sich auf einen spektakulären Anflug auf eine kurze und sehr steile Landebahn freuen. Eine Stunde später steigen Sie mitten im Wandergebiet aus (keine Straßen weit und breit) und können in aller Ruhe zur nächsten Ortschaft mit Übernachtungsmöglichkeit laufen.
Im Falle vom *Annapurna-Circuit* stellt sich die Sache etwas anders dar. Der Ausgangspunkt der Wanderung liegt zwischen Kathmandu und Pokhara (der drittgrößten Stadt). Er ist grundsätzlich auf drei verschiedene Arten erreichbar.

1. Flug von Kathmandu nach Pokhara (ca. 100 $US) und am darauffolgenden Tag 5 Std. Busfahrt zum Ausgangspunkt.

2. 7-9 Std. Busfahrt von Kathmandu nach Pokhara (je nach Busgesellschaft ca. 5-20 $US) und am darauffolgenden Tag 5 Std. Busfahrt zum Ausgangspunkt.

3. 11 Std. Busfahrt von Kathmandu direkt zum Ausgangspunkt (in sehr beengten Bussen) für ca. 5 $ US

Da der einzige Direktbus eine sehr unbequeme Variante darstellt und der richtige Bus in Kathmandu erst einmal gefunden werden will, ist diese Variante im Grunde nicht zu empfehlen.
Aus diesem Grund meine Empfehlung: Nehmen Sie einen bequemen Touristenbus nach Pokhara (10-20 $US, Ticket besorgt Hotel). Die Fahrt ist verhältnismäßig lang aber die Eindrücke entlang der Strecke sind faszinierend! Sie erleben die Alltagskultur der Menschen, die entlang der Hauptstraße leben. Es gibt auf dem Weg verschiedene Stopps für Toilettengänge und Verpflegung. In Pokhara nehmen Sie sich ein Taxi und suchen sich ein Zimmer in der Nähe des Seeufers (am besten ebenfalls von zu Hause reserviert). Am nächsten Morgen oder noch entspannter am übernächsten nehme Sie einen Bus zum Ausgangspunkt der Wanderung (Hotel kann Ihnen wieder das Ticket besorgen). Am Endpunkt der Runde fahren Taxen und Busse in ca. einer Stunde zurück nach Pokhara.
Für beide Wanderungen brauchen Sie verschieden Permits (siehe wieder **www.nepal-dia.de**) die angeblich nur an bestimmten Stellen in Kathmandu oder Pokhara zu erwerben sind. Dies ist meinen Erfahrungen nach nicht mehr richtig. Sämtlich benötigte Permits waren an den Ausgangspunkten der Wanderung bzw. an den Nationalparkgrenzen ohne Aufpreis zu erwerben. Das Problem ist, man kann sich nie zu 100% darauf verlassen, dass es auch in Zukunft so sein wird. Wenn Sie ohnehin Zeit in Kathmandu oder Pokhara verbringen, würde ich mir die Permits also sicherheitshalber schon dort besorgen.
Ich hoffe ich konnte Ihnen nachvollziehbar vermitteln, dass die An- und Abreise zu den Ausgangspunkten kein unüberwindbares Hindernis darstellt. Im Falle vom Everest Trek sollten Sie ohnehin ein bis drei Sicherheitstage für den Rück-

flug ab Lukla einplanen (siehe Erklärung weiter vorne). Falls das Flugzeug planmäßig fliegen kann (auch hier gilt, je früher die Uhrzeit je größer die Chance auf Durchführung des Flugs) haben Sie die Tage "zusätzlich" für Kathmandu. Drei volle Tage für die Stadt sowie zwei weitere für die Umgebung sind absolut empfehlenswert! Sie werden feststellen, eine 2-3 wöchige Wanderung sowie 5 Tage in und um Kathmandu ergeben einen sensationellen Urlaub.
Vielleicht noch einige Worte zur benötigten körperlichen Fitness. Einmal abgesehen von der persönlichen Grundkondition laufen wir zu Hause weder 10 bis 20 km, noch überwinden wir täglich ca. 500 Höhenmeter. Auch ist es unser Körper nicht gewöhnt, 4-8 Stunden einen Rucksack von 10-15 kg mit sich herumzuschleppen. Dadurch wird es während der ersten 3 Tage überall zwicken. Zu Ihrer Beruhigung sei gesagt, dass diese Beschwerden danach vergehen. Die fehlenden Muskeln bauen sich sehr viel schneller auf als angenommen. Selbstverständlich ist es nicht von Nachteil, über eine gute körperliche Konstitution zu verfügen. Je mehr Übergewicht man den Berg hoch und runter schleppen muss, umso anstrengender gestalten sich die Tage. Auch werden sich Raucher mit der dünnen Luft schwerer tun als jene, denen noch ihr vollständiges Lungenvolumen zur Verfügung steht. Insgesamt ist es meines Erachtens jedoch mehr eine Frage des Wollens als des Könnens. Meine Wanderaktivitäten beschränken sich im Alltag auch nur auf vereinzelte Wochenendspaziergänge. Mit den vier Himalaya-Wanderungen hatte ich nach den beschriebenen Einlaufzeiten dennoch kein Problem.

Noch ein Tipp zur Reiseapotheke. In den Reiseführern sind durchaus sinnvolle Notfallmedikamente in Verbindung mit der Höhenkrankheit beschrieben. Diese Medikamente sind zu Hause meist rezeptpflichtig und immer sehr teuer. In Thamel (dem touristischen Stadtteil von Kathmandu) gibt es unzählige Apotheken, die jeweils die gewünschte Menge jedes erdenklichen Medikamentes für Cent-Beträge ganz regulär verkaufen. Weiß man also genau was man haben möchte (Name des Wirkstoffs und sinnvolle Wirkstoffmenge je Tablette), so sollte man seinen Einkauf erst in Kathmandu erledigen. 50-100 Euro sind hier mal schnell eingespart!

Reiseland Neuseeland

Neuseeland ist für viele einer der ganz großen Fernreiseziel-Träume und dies nicht zu unrecht. Eine Fernreise ist es im wahrsten Sinne. Knapp 20.000 km trennen Mitteleuropa schließlich vom Inselstaat. Die Anreise dauert je nach gewählter Fluggesellschaft und Verbindung zwischen 25 und 43 Stunden. Aus diesem Grund müssen 3-4 volle Tage alleine für An- und Abreise eingeplant werden. Eine weitere Woche vergeht, ehe man sich an die 12-stündige Zeitverschiebung angepasst hat. Gleiches ist bei der Rückkehr zu erwarten. Aus diesem Grund macht es wenig Sinn, über eine Reise von 1-2 Wochen nachzudenken. Mindestens 3 oder besser 4 Wochen sind für ein solches Ziel einzuplanen. Für Neuseeland kann man ohne Probleme auch mehrere Monate vorsehen. Bedenkt man die möglichen Zwischenstopps bei der Anreise, ist ein vorbestimmter Rückkehrtermin schmerzhaft.
Aber was ist es, was Jahr für Jahr Tausende von Reisenden veranlasst, diese Reisestrapazen auf sich zu nehmen?
Die offizielle Seite Neuseelands wirbt mit dem Slogan "100% pure" (also etwa „rein", „makellos", „unverfälscht"). Bei rund 30 Mio. Schafen und 10 Mio. Rindern eine fragwürdige Aussage. Aber zugegeben, jeder der das Land verlässt, wird nicht umhinkommen, einen starken Natureindruck mit nach Hause zu nehmen.
Die zwei Hauptinseln bieten aufgrund ihrer Ausdehnung von rund 1.500 km in Nord-Süd-Richtung sowohl ein subtropisches wie ein gemäßigtes Klima. Die Landschaftsformen reichen an den Küsten von Südsee-Traumstränden über Steilküsten zu Fjordlandschaften.
Im Landesinneren gibt es unzählige Seen, Gebirge und geothermische Gebiete sowie ausgedehnte Wälder teils mit endemischer Vegetation. Es ist die Vielzahl der unterschiedlichsten Landschaftstypen auf engem Raum, die das Touristenherz beglückt. Die Möglichkeiten, die über

Nationalparks, Wanderwege und Übernachtungshütten geboten werden, machen es zudem einfach, sich den Naturschönheiten zu nähern. Neuseeland ist ein Eldorado für jegliche Art von Outdoor-Aktivitäten. You name it, they have it. Auch wenn mittlerweile Bungeejumping und Jetboating überall auf der Welt anzutreffen sind, so nahm beides doch in Neuseeland seinen kommerziellen Anfang bzw. wurde hier entwickelt.

Es ist eines der sichersten Reiseländer überhaupt. Darüber hinaus beherbergt Neuseeland im Gegensatz zu seinem Nachbarn Australien keine gefährlichen Tiere. Auch die europäische Prägung Neuseelands macht einen Besuch für viele Reisende attraktiv. Aus all den genannten Gründen eignet sich Neuseeland trotz der Entfernung hervorragend als Übungsterrain für Individualreise-Einsteiger.

Es ist wie nur wenige andere Länder geeignet, die ersten Gehversuche als Alleinreisender zu unternehmen. Der Grund dafür liegt in der hervorragenden touristischen Infrastruktur Neuseelands und der uns geläufigen Landessprache. Es gibt ein dichtes Netz von Unterkünften, die speziell auf Rucksackreisende ausgerichtet sind. Sogenannte "backpacker" oder "hostels", die sowohl über Doppel- als auch Mehrbettzimmer verfügen. Eine Trennung der Geschlechter gibt es in den Mehrbettzimmern nur auf Wunsch. Die sanitären Einrichtungen sowie eine Küche für Selbstverpflegung werden gemeinschaftlich genutzt. Nutzt man diese Art Unterkünfte, muss man schon einen äußerst introvertieren Charakter aufweisen, um nicht innerhalb kürzester Zeit Kontakt zu anderen Reisenden zu bekommen.

Neben dem normalen öffentlichen Verkehr verfügt Neuseeland über ein speziell auf Touristen zugeschnittenes Streckennetz, das mit Kleinbussen abgedeckt wird. Dieses verbindet alle interessanten Orte miteinander und die auf der Strecke liegenden Sehenswürdigkeiten werden ebenfalls angefahren. Man wird in seiner Unterkunft abgeholt, verlebt zusammen mit den Mitreisenden einen ereignisreichen Tag,

um anschließend am Ort seiner Wahl wieder abgesetzt zu werden.
Auch die zahlreichen Campingplätze mit Ihren gemeinschaftlichen Koch- und Essbereichen fördern die Kommunikation zwischen den Reisenden. Alles im Allem wirklich ein Eldorado für Leute, die keine Reisepartner haben. Wer in Neuseeland alleine bleibt, muss es wirklich wollen.
Ich selbst habe Neuseeland 1989 und 1993 mit dem Rad bereist. Hierzu mehr im nachfolgenden Kapitel.

Mit dem Fahrrad nach Übersee

Ich war viele Jahre ein großer Freund von Radreisen und möchte diesen deshalb ein Kapitel widmen. Der Grund, warum ich mittlerweile davon abgekommen bin, liegt in der Tatsache begründet, dass mir zum einen die Zeiten nicht mehr zur Verfügung stehen, die es für Übersee-Radtouren braucht, zum anderen darin, dass das Rad für viele Länder nur bedingt bis gar nicht das zu bevorzugende Transportmittel darstellt.
Man mag sich fragen, was solch ein Thema in diesem Buch zu suchen hat, das sich an Individualreise-Einsteiger wendet. Es liegt nahe, dass diese Reisenden bereits genug um die Ohren haben werden und sich nicht zusätzlich noch mit einem Rad abmühen wollen. Nun, ich würde niemanden empfehlen, seine erste Individual- mit seiner ersten Radreise zu kombinieren. Für jene Menschen aber, und davon soll es bekanntlich immer mehr geben, die sich gerne mit dem Fahrrad fortbewegen und mindestens im eigenen Land mit Freude eine mehrere Tage dauernde Radtour hinter sich gebracht haben, für diese Menschen ist es durchaus eine ernstzunehmende Alternative.
Reisen mit Rad machen meines Erachtens immer dann Sinn, wenn die Reise auf einen Natururlaub abzielt. Zumindest sollte die Möglichkeit bestehen, sich in verkehrsruhigen Gegenden fortbewegen zu können. Semiprofessionelle Langstreckenradler mögen zwar einen Kick verspüren, wenn sie Kairo oder Shanghai mit dem Rad queren dürfen, der durchschnittliche Zweiradfreund wird sich in einer beschaulichen Flusslandschaft jedoch wohler fühlen. Europa ist voll von traumhaften Fahrradgebieten, fast jedes Land verfügt über Gegenden, die für Radler ein echtes Eldorado darstellen.
Aber wie sieht es in Übersee aus? Ist es überhaupt sinnvoll, hier mit dem Fahrrad eine Tour zu wagen? Welche Kriterien sind es, die ein Land zu einem guten Radreiseland machen?

Eine abwechslungsreiche Landschaft ist ganz klar von Vorteil. Soll die Reise nicht einen ausgeprägt masochistischen oder meditativen Charakter bekommen, macht es wenig Sinn, tage- oder wochenlang durch Wüsten, Regenwälder oder Steppen zu fahren. In vielen Ländern ändern sich die Landschaftseindrücke so langsam, dass das Rad als Verkehrsmittel hier nur von Langstreckenradlern eingesetzt wird, die über ein großes Zeitpensum verfügen.
Untersuchen wir die Länder auf abwechslungsreiche Landschaften (unter Berücksichtigung der Radreisegeschwindigkeit von 15-25 km/h), so fallen Großteile von Süd- und Nordamerika heraus, genauso wie Australien. Wie immer gibt es jedoch auch hier Ausnahmen, also Regionen, in denen es sich vorzüglich radeln lässt.
Hierzu gehören mit Sicherheit sowohl die Seengebiete beidseits der Anden in Chile und Argentinien, die grob das Dreieck Temuco (Ch), Puerto Montt (Ch) und San Carlos de Bariloche (Ag) umschließt als auch die Neuenglandstaaten im Nordosten der USA. Auf dem australischen Kontinent bietet Tasmanien im äußersten Süden eine gute Gelegenheit, das Rad als Fortbewegungsmittel einzusetzen.
Neben dem Abwechslungsreichtum der Landschaften spielt die Art des Verkehrs sowie sein Aufkommen die entscheidende Rolle. Betrachtet man diesen Punkt genauer, muss man feststellen, dass praktisch sämtliche Ziele Süd-Ost-Asiens, die sich für Individualreise-Einsteiger bestens eignen, kaum für Radreisen empfohlen werden können.
Die Verkehrsgepflogenheiten unterscheiden sich in diesen Ländern beträchtlich von den uns bekannten. Sich hier in den Verkehr zu begeben, birgt ein stark erhöhtes Unfallrisiko. Zudem fällt die Orientierung aufgrund von fehlender Beschilderung sowie der kaum zu dechiffrierenden Schriftzeichen äußerst schwer.
Laos und Myanmar mögen diesbezüglich z.Z. noch eine Ausnahme darstellen, wirklich empfohlen werden können aber

auch sie nicht (Tendenz aufgrund zunehmender Motorisierung fallend).
So gesehen bleibt als einzig wirkliches Fahrrad-Eldorado das entfernteste Ziel übrig - Neuseeland. Dafür findet der Radfreund hier alles, was das Herz begehrt. Traumhafte Straßen, entspannte Autofahrer, eine hervorragende Infrastruktur mit Unterkünften und Einkaufsgelegenheiten aller Art sowie den bereits beschworenen Abwechslungsreichtum an Landschaftsformen. Ein dichtes Netz an hervorragend ausgebauten Campingplätzen tut sein Übriges.
Das einzige Problem, mit dem man sich vor der Reise auseinanderzusetzen hat, ist die Frage nach dem Transport des eigenen Zweirades ans andere Ende der Welt.
Wer bereit ist, lange auf sein Rad zu verzichten, kann es mit der Post oder Speditionen (je nach Größe des Paketes) über Seefracht versuchen. 1997 kam ich mal in die Verlegenheit, mein Rad mit der Post nach Feuerland versenden zu müssen. Ich kann mich an meine Nervosität noch gut erinnern, als ich ca. 6 Wochen später das kleine Postamt in Ushuaia betrat. Wirklich unfassbar, da stand die Box in einer Ecke und wartete auf mich.
Nein, auf solche Spielchen sollte und braucht man sich im Falle von Neuseeland nicht einzulassen. Mir ist es zweimal gelungen, mein Rad im gleichen Flug dort hin zu befördern und zwar kostenlos. Wählt man einen Flug über die Westroute, kann man in der Regel von 2 x 32 kg Freigepäck Gebrauch machen. Hier dürfte selbst der Transfer eines E-Bikes möglich sein.
Das einzige Problem stellen die USA da, in denen man notgedrungen zwischenlanden muss. Da das Gepäck seit 9/11 nicht mehr durchgecheckt werden kann, bleibt nur ein nervenaufreibender Transit samt Gepäck. Die größte Gefahr, die sich dabei ergibt ist, dass man nie mehr im Leben einen Fuß auf US-Amerikanischen Boden setzen möchte. Die Leute am Zoll sind für ihre Schikanen berühmt und berüchtigt.

Bleibt der Weg über Osten. Da Neuseeland am anderen Ende der Welt liegt, ist der Weg dankbarerweise egal. Allerdings gilt hier die 20kg-Eingepäckstück-Regelung. Hier hilft nur der Blick ins Internet (z.B. mit den Suchbegriffen "Beförderung Fahrrad Neuseeland"), um auf die Erfahrung von Leidgenossen zurückzugreifen.
Bei den vielen Fluggesellschaften, die Neuseeland über Osten anfliegen (die allermeisten tun dies) sind immer auch welche dabei, die das Rad kostenlos oder gegen einen überschaubaren Aufschlag transportieren. Auf jeden Fall sollte man die Konditionen vorab mit der Fluggesellschaft persönlich abklären und sich die Vereinbarung schriftlich bestätigen lassen. Das Personal am Check-In ist mit den Transportbestimmungen nicht selbstverständlich vertraut, sodass hier ein Schreiben der Fluggesellschaft sehr hilfreich sein kann. Auch sollte vorab in Erfahrung gebracht werden, wie die Fluggesellschaften das Rad transportieren wollen. Entweder man bekommt beim Einchecken von der Airline eine Box zur Verfügung gestellt, in der das Rad mehr oder weniger komplett verschwinden kann, oder man muss dies zu Hause selbst erledigen. Die Boxen bekommt man in diesem Fall kostenlos beim nächsten Fahrradhändler, der seine Räder immer in solchen Boxen ausgeliefert bekommt. Die Reisebüros jedenfalls sind mit diesem Thema erfahrungsgemäß hoffnungslos überfordert. Zugegeben, hier kommt man nicht umhin, ein paar Stunden zu investieren, ein paar Stunden, die sich definitiv lohnen.
Wenn auch nicht notwendig, so ist die Bereitschaft in Neuseeland, auf Zeltplätze als Unterkunft zu setzen, ein großer Vorteil. Zeltplätze gibt es quasi überall und selbst wild zelten stellt kein Problem dar.
Das hinzugewonnene Freiheitsgefühl entschädigt meines Erachtens für das zusätzliche Gepäck. Beim Rad habe ich dies auch nie als Belastung empfunden. Man hat nichts zu schleppen, keine Schultern, die schmerzen können. Zugegeben ist es ein Unterschied, ob ich einen Berg mit viel oder

wenig Gepäck hinauf fahre. Entscheidend ist, dass ich über die richtige Übersetzung verfüge, ich ohne allzu große Anstrengung noch in der Lage bin zu treten - die erreichte Geschwindigkeit ist dabei zweitrangig.

Auch ist es eine Frage der Kosten. Zelten und sich selbst Essen zuzubereiten ist wesentlich preiswerter als auf Gasthäuser und Restaurants angewiesen zu sein.

Wer sich eine Radreise prinzipiell vorstellen kann, jedoch an seiner Kondition zweifelt, kann beruhigt werden. Bereits nach drei Tagen werden all jene, die sich auch zu Hause gerne mit dem Rad bewegen, erstaunt darüber sein, wie schnell sich Muskeln und Sehnen der neuen Situation anpassen.

Ein weiterer Vorteil stellt die Möglichkeit dar, Teilstrecken mit einem motorisierten Fahrzeug zurückzulegen. Neben Bussen und Bahn, die selbstverständlich auch Räder transportieren, gibt es die noch viel charmantere Möglichkeit, mit dem Rad per Anhalter unterwegs zu sein. Für Europäer kaum vorstellbar, zwei Radler mit zwei vollbeladenen Rädern stehen am Straßenrand und halten den Daumen raus (oder kommen schon auf dem Zeltplatz mit dem Fahrer ins Gespräch). In Neuseeland kein Problem. Der Fahrzeugtyp "Pickup" ist weit verbreitet. Räder samt Gepäck hinten drauf, die Radler in die Fahrerkabine oder hinten dazu und los geht es. Eine wunderbare Möglichkeit, mal schnell 100 km zu überbrücken. Der Vorteil gegenüber Bus und Bahn, man braucht sich um keine Fahrpläne zu kümmern, es ist kostenlos und manchmal springt auch noch eine Übernachtungsgelegenheit dabei heraus, zumindest kommt man mit den Einheimischen ins Gespräch. Als Radler wird man im Übrigen lieber mitgenommen als ein Anhalter ohne Rad. Wer nur vier Wochen Zeit hat, dem seien solche Hilfen dringend angeraten. Andernfalls muss er häufig wiederkommen, um die Highlights dieses Landes „abzuarbeiten".

Allgemeine Wohlfühl-Tipps

Während einer Reise wird man immer wieder mit Angeboten aus dem „Wellnessbereich" konfrontiert. Angebote die gleichermaßen anziehen wie abschrecken. Dazu gehören u.a. Friseurläden, Massagen oder auch Dampfbäder. In Asien meist deutlich günstiger als vergleichbare Angebote zu Hause. Nur wenige kommen auf die Idee, sich massieren zu lassen oder für eine Rasur den nächsten Friseurladen aufzusuchen. In Asien sind solche Angebote aber definitiv Teil des Reisegenusses. Sie aus Gründen persönlicher Unsicherheit zu ignorieren, wäre traurig.
Sich nach einer langen Stadterkundung in Bangkok einer Thaimassage zu unterziehen, ist ein Erlebnis. Wer es etwas sachter mag, entscheidet sich für eine Fußmassage. Danach fühlt man sich definitiv erfrischt. Gleiches gilt für Dampfbadbesuche. Laos bietet diese sehr häufig über die örtlichen Rote-Kreuz-Stationen an. Ein wunderbares Erlebnis.
Die Sorge, etwas falsch zu machen, ist unnötig. Niemand erwartet von einem Touristen, dass er mit den örtlichen Gepflogenheiten vertraut ist. Ihre Fragen werden nicht belächelt, man hat sie schon oft gehört und beantwortet.
Gleiches gilt für Verpflegung während Zug, Bus- oder Schiffsfahrten. Hier kümmert sich oft ein Heer von fliegenden Händlern um das leibliche Wohl der Reisenden. Entweder durch die geöffneten Fenster oder direkt in den Verkehrsmitteln. Hier kann nur dazu geraten werden, alles zu probieren, was lecker aussieht. Speziell dann, wenn ein großer Teil der einheimischen Mitreisenden zuschlägt. Dies ist immer dann der Fall, wenn in irgendeiner Region örtliche Spezialitäten angeboten werden. Selbstverständlich bleibt man auf der Frage sitzen, ob einem der Snack auch bekommen wird. Nun, hier hilft die Vermutung, dass alles frisch zubereitet sein müsste, da der Umsatz recht groß ist. Über die hygienischen Umstände der Zubereitung weiß man freilich genauso wenig wie im Restaurant, das man abends aufsuchen wird.

Kühlmethode Bettlaken

Es kann immer wieder vorkommen, dass eine Nacht einfach zu heiß ist, um schlafen zu können. Dies mag daran liegen, dass Ventilator und/oder Klimaanlage defekt oder nicht vorhanden sind.
Besonders unangenehm wird es dann, wenn man aufgrund von unersättlichen Moskitos gezwungen ist, sich zuzudecken. Ein einfacher, aber sehr effektiver Trick ist die Verwendung eines feuchten Bettlakens (üblicherweise als Decke in heißen Ländern eingesetzt). Halten Sie das Laken unter fließendes Wasser, lassen es sich vollsaugen, und wringen es anschließend wieder aus, sodass es nur noch feucht, aber nicht mehr nass ist. Mit diesem decken Sie sich anschließend zu. Sie werden augenblicklich in den Genuss der Verdunstungskühle kommen und sind zusätzlich vor zu hartnäckigen Mückenattacken geschützt. Es kann allerdings sein, dass Sie die Aktion mehrmals wiederholen müssen, da das Laken nach wenigen Stunden wieder durchgetrocknet ist. Allemal besser als die Nacht komplett schlaflos zu verbringen.
Die gleiche Technik lässt sich im Übrigen auch hervorragend während der großen Tageshitze anwenden. Durchfeuchten Sie auf die gleiche Art und Weise Ihr Oberteil. Dieser Effekt der Kühlung ist die reine Wonne. Wenn es auch nicht von Dauer ist, so kommen Sie dennoch in den Genuss von sehr angenehmen 30 Minuten, bis der Stoff getrocknet und weiteren 60 Minuten, bis der Körper wieder aufgeheizt ist. Ein nicht zu unterschätzender Moment der Erleichterung!

Eine Annäherung an Indien in drei Teilen

Von Dezember 2003 bis Februar 2004 bereiste ich große Teile Indiens. Meiner Familie und meinen Freunden schrieb ich einen 3-teiligen Reisebericht. Jeder Teil konzentrierte sich auf ein Thema mit dem jeder Indien-Individualreisende zwangsläufig konfrontiert wird.
Ich habe lange überlegt, ob dieser Bericht in dieses Buch passt. Auf der einen Seite beschreibt er ein Land, das ich für Individualreise-Einsteiger explizit ausgeschlossen habe. Auf der anderen Seite lassen sich die Beobachtungen, zumindest aber der Umgang mit Ihnen, auf jedes andere Land übertragen. Im Wesentlichen geht es dabei immer um die Toleranz gegenüber uns Fremdem.

Monday, Dezember 28, 2003 17:22
Subject: Eine Annäherung an Indien in drei Teilen

Teil 1 - Lärm

Hallo Ihr Lieben,

drei Begriffe, die man als Reisender sofort mit Indien in Verbindung bringt: Lärm, Dreck, Chaos.
Lärm ist allgegenwärtig. Morgens, vorausgesetzt man hat geschlafen, wird man geweckt vom Krähen der Hähne. Landleben, wie schön denkt man, bis die ersten, sich „innerlich" reinigenden männlichen Bewohner dieses Subkontinentes in das Hahnengekrähe einstimmen. Der sich angereicherte Schleim der Nacht wird lautstark von den Tiefen der Lungenflügel an das hereinbrechende Tageslicht befördert. Da es im zweitbevölkerungsreichsten Land der Erde viele Schleimleidende in unmittelbarer Nachbarschaft gibt, nimmt dieses Prozedere einen Großteil der Dämmerungsphase in Anspruch. Die dringende Notwendigkeit bleibt dem gegen das Erwachen ankämpfenden Reisenden dennoch verborgen.

Wenig später, die Hähne krähen noch immer, beginnen die ersten Hupsignale der umsichtigen, stets auf Unfallfreiheit bedachten Mehrradführer, sich mit den zwei zuvor beschriebenen Geräuschen zu mischen.

Liebäugelt der Reisende noch ein Weilchen das Bett zu hüten, sollte er spätestens zu diesem Zeitpunkt seine Ohrenstopfen tief im Gehörgang verankert haben.

Verlässt man dann doch irgendwann die "schützende" Behausung, so gewinnt augenblicklich der Motorenlärm und die inzwischen eingesetzte Dauerbehupung die Oberhand, unterbrochen nur von den schrillen Pfeiftönen der Verkehrsregulierer. Eine Berufsgruppe im Übrigen, die keinen erkennbaren Einfluss auf das Verkehrsgeschehen ausübt, jedoch anhaltender Bestandteil der Dauerbeschallung in Ballungsgebieten ist.

Die Zeit zwischen 18 und 22 Uhr ist wohl die geruhsamste. Der Verkehr beruhigt sich und die Herren der Nacht haben ihre Vormachtstellung noch nicht eingenommen. Tagsüber liegen sie halbtot auf Indiens Straßen und ihre jämmerliche Erscheinung lässt schwerlich auf die anstehende Vorstellung schließen. Es ist das Heer wilder Hunde, das die Nacht zum Tag macht. Sind einige dieser Kameraden in unmittelbarer Nähe zur eigenen Unterkunft ansässig, was mit Sicherheit der Fall ist, so sollte der Reisende bereits zu diesem Zeitpunkt die Ohrenstopfen bis zum Anschlag versenken und nicht erst abwarten, bis die ersten Reinigungen der inneren und äußeren Atemwege vollzogen werden.

Damit schließt sich der Kreis, 24 Stunden sind wieder einmal akustisch überstanden.

Selbstverständlich handelt es sich bei der Beschreibung lediglich um die den Tagesablauf bestimmenden Hintergrundgeräusche. Die unzähligen akustischen Extras dieses Landes müssen leider unberücksichtigt bleiben, da ihre Detaillierung meine Ausdauerfähigkeit vor dem Computer überstrapazieren würde.

Zum Schluss dieser Einstimmung soll aber nicht unerwähnt bleiben, dass man sich im Idealfall an den Lärm gewöhnt, er gehört nun mal zu Indien wie auch die folgenden Ausführungen über den „Dreck" und das „Chaos".
Ich muss allerdings gestehen, dass mir gestern kurzzeitig der Atem stockte, als ich meine Ohrenstopfen nicht finden konnte. Es überkam mich ein leichtes Panikgefühl, bis ich das kleine blaue Schatzdöschen wieder in meinen Händen hielt. Ich reise wohl noch nicht lange genug durch dieses Land.
In diesem Sinne wünsche ich Euch allen ein frohes und vor allem g e r u h s a m e s neues Jahr.

Liebe Grüße aus der sonnigen aber hundekalten Bergwelt
um Darjeeling und Sikkim
Klaus

Monday, Januar 13, 2004 11:46
Subject: Eine Annäherung an Indien in drei Teilen

Teil 2 – Dreck

Hallo Ihr Lieben,

kommen wir also zum zweiten Angriff auf die Sinnesorgane des mit heimatlichen Normen und Vorschriften vertrauten Reisenden.
Sofort nach Verlassen des Flughafengebäudes sticht er in die Augen, betört das Riech- und damit leider auch das Geschmacksorgan. Dreck, mir fällt kein besseres Wort ein, hat in Indien wahrlich viele Gesichter, hat er doch sämtliche Aggregatzustände erobert.
In den Städten aber auch schon in kleinen Ortschaften fängt es mit der Luft an. Die Abgase von Diesel- und Zweitaktmotoren mischen sich mit brennenden Müllhaufen und den

zahllosen offenen Holzfeuern oder Benzinkochern der Garküchen.
Hinzu kommt der Staub der unbefestigten oder mit endlosen Schlaglöchern ausgestatteten Straßen.
Als zusätzliche Würze mischen sich Fäkal-, Urin sowie undefinierbare Essens- im Idealfall Gewürzdüfte unter. Kurzum, Luft lädt in bewohnten Gebieten Indiens nur äußerst selten zum Atmen ein.
Folgt der irritierende Zustand von Flüssigkeiten. Ich möchte vorab wohlwollend bemerken, dass mein Bier, das ich mir gerade mit stolzen 8% Alkohol ins Glas laufen lasse, sowohl farblich als auch geschmacklich auf deutsches Reinheitsgebot schließen lässt. Der überall und zu jeder Zeit verabreichte Chai, mit sehr viel Zucker und Milch versetzte Schwarztee, lässt da schon mehr Raum für Zweifel. Die Farbe, die naturbedingt an stark verschmutztes Spülwasser oder eben auch an die Flüssigkeiten in den hiesigen Straßengräben erinnert, irritiert auf den ersten Blick. Der Geschmack jedoch lädt zum Verdrängen ein. Verdrängen des Bakteriencocktails, der aus den indischen Wasserhähnen fließt und in nicht ausreichend abgekochter Form gut genug für tage-, wenn nicht wochenlange diarrhöse Ausfallerscheinungen ist. Kompromisse aber müssen getätigt werden, schließlich kann ich mich nicht nur von Bier ernähren.
Aber nicht nur das meist stehende Wasser der angesprochenen Straßengräben, auch fließende Gewässer von kleinen Rinnsalen bis hin zu ausgewachsenen Strömen haben bedenkliche Grauschattierungen aufzuweisen. Die Weltgesundheitsorganisation hat festgestellt, dass die Wasserqualität des Ganges bei Varanasi (eine der Hauptpilgerstätten Indiens) eine Konzentration von 15 Millionen Kolibakterien je Liter Wasser aufweist. In zum Baden unbedenklichen Gewässern dürfen sich jedoch nur 5000 dieser Kerlchen je Liter tummeln. Da die Pilger in diesem Wasser nicht nur Baden, sondern es ebenso trinken (ist eben heilig) und es zu allem Überfluss in Flaschen abfüllen, um es kastenweise nach Hau-

se zu schleppen damit ihre Liebsten auch in den Genuss kommen, wundert man sich, dass Hindus in diesem Land noch in der Überzahl sind.
Bleibt über den Dreck in ungelöster Form zu berichten.
Wie man sich mittlerweile unschwer vorstellen mag, gibt es nichts, was es nicht gibt. Einmal abgesehen von den auch hier üblichen Plastikverpackungen, welche die Straßen in den bewohnten Gebieten pflastern, ist Indien noch keine Wegwerfgesellschaft in unserem Sinne. Sperrmüll ist ein Produkt des Überflusses, dies wird hier schnell klar. Entsprechend wird alles repariert, recycelt oder verwendet. Es zählt der praktische Nutzen, selten der optische Eindruck. Das Resultat sind Gebrauchs- bis Verfallsspuren, die unweigerlich nach "westlichem" Maßstab mit Verdreckung in Verbindung gebracht werden. Da der indische Haushalt selten über eine Waschmaschine verfügt, wird sämtliche Kleidung in fließenden oder stehenden Gewässern gewaschen. Da die Waschwassertemperaturen zwischen einem und 20 Grad liegen, nimmt die Kleidung naturgemäß im Laufe der Zeit die Grauschattierungen der beschriebenen Wasserqualität an. Eine Ausnahme stellt die beschriebene Kleidung der indischen Frauen dar. Saris oder die Kleid-/ Hosenkombinationen strahlen fast immer in ihrer ursprünglichen Farbenpracht. Ob das Waschen dieser Kleidungsstücke generell vermieden oder dabei besondere Sorgfalt an den Tag gelegt wird, entzieht sich meiner Erkenntnis. Aber zurück zum Alltag des Reisenden.
Die Unterkunftsbesichtigung gestaltet sich immer ein wenig enttäuschend. Die anfängliche Neugierde weicht mit der Zeit der Befürchtung des Schlimmsten. Da die Zimmer der unteren bis mittleren Preiskategorien ebenfalls nur dem praktischen Nutzen unterliegen, sind die Räumlichkeiten in einem erbärmlichen Zustand. Fairerweise muss ich die zu entrichtenden Preise erwähnen. Gemeinschaftsschlafräume liegen bei 1-2 Euro, Einzel- bzw. Doppelzimmer bei 2-4/4-8 Euro.

Möchte man ein eigenes Bad, so kommen noch einmal ca. 50% dazu.
Die mittlere Preiskategorie garantiert bei sonst gleichem Standard einen Fernseher und Telefon. Da ich beidem nicht die nötige Aufmerksamkeit entgegenbringen würde, komme ich erst gar nicht in Versuchung, mich hierfür zu entscheiden. Die oberen Preiskategorien fangen bei ca. 17 Euro an und enden in der Höhe meiner Gesamtreisekosten. Schäbiges Aussehen ist zum Glück nicht zwangsläufig mit dreckig gleichzusetzen, eben nur mit verwohnt.
Verhältnismäßig großer Erhaltungsaufwand kommt dagegen motorisierten Gefährten zugute. Manchmal wird das gute Stück mitten im Fluss geparkt und ein Heer von eifrigen Helfern verwandelt das dem harten Verkehrsalltag ausgesetzte Gefährt in ein blitzendes und farbenfroh leuchtendes Pracht- wenn nicht Ausstellungsstück - wenngleich nur für einen kurzen Moment, bevor es sich wieder den harten Straßenverhältnissen stellen muss.
Aber auch das Fehlen von Sperrmüllhaufen und Schrottplätzen kann über den allgegenwärtigen Dreck entlang der öffentlichen Verkehrsräume nicht hinwegtäuschen.
Im hohen Norden Indiens scheint das Abort- und Kanalisationsaufkommen den Bedürftigen gerecht zu werden. Im Großteil des Landes ist dem leider nicht so, entsprechend sind Strände, ländliche Gebiete und Stadtrandbezirke mit Fäkalien übersät. Eine morgendliche Zugfahrt lässt diesen Mangel am eindrucksvollsten erkennen. Entlang der Gleise verrichtet die Bevölkerung ihr Geschäft. Eine für uns seltsam anmutende Szenerie. Kauernde Gestalten in der Morgendämmerung mitten im Nirgendwo.
Dieser Dreck ist es freilich nicht, der dem Touristen ins Auge sticht (Inder benutzen Wasser anstelle von Klopapier). Es ist der, selbst für Inder, nicht verwertbare anorganische Abfall, der die Wege säumt und an strategisch günstigen Abhängen, meist entlang von Wasserläufen, den Weg ins Tal sucht. Bei diesem Anblick wird klar, die Müllentsorgung ist eine Errun-

genschaft wohlhabender Staaten. Während ein Großteil des beschriebenen Drecks Bestandteil der meisten sogenannten Entwicklungsländer ist, gibt es auch landestypische Erscheinungen. Inder, wie unter der Rubrik "Lärm" behandelt, spucken sehr gerne. Da der Schleim der Nacht nicht endlos vorhält, scheinen sie das Kauen von Betelnüssen erfunden zu haben. Ein Päckchen, bestehend aus einem eingerollten Blatt, gefüllt mit allerlei Gewürzen und eben den besagten Betelnüssen wird in einer Backentasche positioniert. Sollte man die Ausbeulung der Backentasche übersehen, enttarnt spätestens der verbale Austausch mit dem Konsumenten das Dilemma. Nicht betelnusskauend ist ein englisch sprechender Inder bereits kaum zu verstehen, spätestens jetzt wird es unmöglich. Dies hat bisher allerdings noch nichts mit dem Thema Dreck gemein. Der Haken ist, dass die Packung den Speichelfluss nicht nur extrem anregt, sondern ihn gleichzeitig ebenso rot verfärbt. Nun gibt es zwei Varianten. Die hart Gesottenen schlucken die Suppe. Die anderen, und dazu zählt ein Großteil der vorwiegend männlichen Konsumenten, entledigen sich per kunstvollem Strahlspuckverfahren der Flüssigkeit. Dies hat zur Folge, dass blutrote Placken die Bürgersteige und Straßen bedecken. Wenn der Geschmack dieser Pakete nur nicht so stark an den Geruch von Klosteinen im Urinal erinnern würde, könnte ich mehr Verständnis aufbringen. Aber hier tue ich den Indern bestimmt unrecht, sollte ich doch davon ausgehen, dass das Kauen von Betelnusspaketen vor den Klosteinen erfunden wurde.

In diesem Sinne, nicht über unsere Hundescheiße schimpfen, ach ja, Hunde gibt es hier viel mehr als bei uns (siehe Teil 1), aber die haben im wortwörtlichen Sinne nichts zu scheißen.

Ich wünsche Euch allen eine vergnügliche Zeit, und seid reinlich zueinander!

Liebe Grüße
Klaus

Monday, January 26, 2004 10:36 AM
Subject: Eine Annäherung an Indien in drei Teilen
Teil 3 - Chaostheorie mal ganz praktisch

Hallo Ihr Lieben,

im letzten Teil meiner Indien-Trilogie möchte ich mich mit dem Chaos auseinander setzen.
Einerseits hat es das Potential, den Neuankömmling endgültig in die Flucht zu schlagen, andererseits ist es möglich, in diesem Chaos die oft beschworene Faszination Indiens zu finden. Die Entschlüsselung des indischen Chaos ist einer der Wege dieses Land doch schätzen zu lernen.
Die ersten Stunden und Tage nach der Ankunft stellen die größte Herausforderung dar. Die Sinneseindrücke sind so vielfältig, dass die Aufnahmekapazität nach kurzer Zeit erschöpft ist. Der Kopf ist nicht mehr in der Lage, das Wahrgenommene zu verarbeiten. Körperliche Auswirkungen wie Müdigkeit, Schwäche bis hin zu Schwindel stellen sich ein. Schlafdefizit, Zeitverschiebung und meist feucht-heiße Witterungsverhältnisse tun ihr Übriges. Schon nach wenigen Stunden brauchen Körper und Geist eine Auszeit, um sich zu regenerieren und sich mit Selbsterhaltungspraktiken auseinander zu setzen. Es kann die Flucht ins Hotelzimmer oder aber der Besuch eines besseren (weil ruhigeren) Restaurants sein. Dieses Szenario trifft immer dann zu, wenn man in den drei großen Städten Indiens ankommt (Delhi, Kalkutta, Bombay). Abschwächen lässt sich dies nur, wenn ein sofortiger Inlandsflug in ländliche, bevorzugt dem Himalaya nahe Regionen vorgesehen wurde.
Was macht aber das empfundene Chaos aus? Chaotisch erscheint uns erst einmal alles, was sich nicht mit der uns vertrauten Erfahrungswelt vereinbaren lässt und auch sonst keine leicht zugänglichen Strukturen aufweist. Genau hier-

von hat Indien im Überfluss zu bieten. Der Verkehr, der keinen Regeln unterworfen zu sein scheint, ist Hauptverursacher des Chaos. Gewohnt, dass dem Fußgänger als schwächstem Verkehrsteilnehmer durchaus ein gewisser Respekt entgegengebracht wird, gilt es nun, so schnell wie möglich umzudenken, möchte man den Heimflug nicht liegend verbringen. Als Neuankömmling selten auf Linksverkehr gepolt, wird man von Allem gejagt, was Räder oder Beine hat. Das Überqueren einer städtischen Straße (Fußgängerampeln sind unbekannt) folgt zu Beginn dem Grundsatz: Wenn Dich das Leben langweilt, setze es aufs Spiel. Da dieses Land sicherlich nicht ausschließlich von suizidgefährdeten Menschen bewohnt sein kann, gilt es, wenn man nicht innerhalb eines Blockes versauern möchte, das erste Mal nach Verhaltensmustern und Strukturen Ausschau zu halten. Selbst in Südeuropa sind wir gewohnt, auf breiten Straßen unterteilende Spuren vorzufinden, die dem Verkehr eine gewisse Geradlinigkeit verordnen. Diese Spuren existieren hier nicht. Am ehesten vergleichbar ist das Spektakel mit einer Autoscooterbahn auf unseren Jahrmärkten, allerdings mit vier gravierenden Unterschieden. Die Teilnehmer sitzen nicht alle in baugleichen Gefährten, sondern alles, was der Mensch jemals zur Fortbewegung ersonnen hat, ist vertreten (eine Aufzählung erspare ich mir und vertraue auf Eure Fantasie). Erwähnenswert sind sicherlich die Kühe, die unter Drogen zu stehen scheinen, anders lässt sich ihr stoisches Verhalten den anderen Verkehrsteilnehmern gegenüber nicht erklären oder aber sie sind wirklich heilig. Der zweite Unterschied ist, dass wie durch ein Wunder meist keine Zusammenstöße zu verzeichnen sind, wofür der dritte Unterschied hilfreich zu sein scheint. Autoscooter haben keine Hupen. Traurig dann wieder der letzte und alles entscheidende Unterschied. Nach 5 Minuten gibt es keine Pause. Aber zurück zur Straßenüberquerung. Vertrauen ist das Zauberwort. Vertrauen in sich selbst, Geschwindigkeiten richtig einschätzen zu können, aber auch Vertrauen in alle Übrigen,

nicht mit Mordgelüsten aufgestanden zu sein. Wo bei uns nach mehreren Vollbremsungen und Auffahrunfällen der Verkehr zum Erliegen gekommen wäre, erreicht der Mutige hier erstaunlich unbeschadet (von mehreren Hustenanfällen einmal abgesehen) die andere Straßenseite. Ein Umstand, der nur aufgrund fehlender Versicherungen und Regelungen ermöglicht wird. Wo es kein oder wenig Recht gibt, gibt es auch niemanden, der sich dahinter verstecken kann. Die Gewissheit aber, dass es einen Haufen Scherereien geben wird, reicht aus, um alles zu tun, nicht in einen Unfall verwickelt zu werden.
Wird dann irgendwann nicht mehr die volle Konzentration benötigt, um sich auf Indiens Straßen zu bewegen, öffnen sich Freiräume in der Aufnahmefähigkeit, um das Chaos weiter zu durchleuchten.
Neben Lärm, Dreck und Verkehr verstärkt auch die indische Bauweise das empfundene Chaos. Die Briten haben, abgesehen von einigen Kurorten in den Bergen, nur wenige Monumentalgebäude hinterlassen. Die städteprägende Architektur Indiens ist in der Regel dem angesprochenen Grundsatz des praktischen Nutzens unterworfen. Anforderungen, die an Häuser im Himalaya gestellt werden, sind denkbar übersichtlich. Sie müssen Schutz vor Witterungseinflüssen sowie Flexibilität bieten. In Stahlbeton werden Stützen und Decken ausgebildet, danach wird ausgemauert und Türen und Fester eingepasst, eine vorausgehende Planung scheint es nicht zu geben. Eine weitere Verkleidung oder Putz wäre unnötiges Beiwerk. Aus der oberen Deckenplatte (Dach) schauen die Bewehrungseisen für später zu errichtende Stockwerke (Flexibilität), die jedoch in den seltensten Fällen realisiert werden. Das Erscheinungsbild eines fertigen Hauses entspricht nach unserem Maßstab nur allzu oft dem eines sich im Rohbau befindlichen Gebäudes. Da die Flachdächer (aktuell oberste Geschossdecke) sich einer intensiven Nutzung erfreuen, haben die Bewohner einen 6. Sinn für die stets in Augenhöhe befindlichen Stabenden der Moniereisen entwi-

ckelt. In anderen Teilen Indiens legt man die benötigte Geschossanzahl doch bereits zu Baubeginn fest, so dass die Gebäude einen oberen, optischen Abschluss finden. Auch wird verputzt und Farbe kommt zum Einsatz. Leider setzt die feucht-heiße Witterung den Farbqualitäten stark zu, so dass das Erscheinungsbild sehr bald die gewohnten Verfallsspuren aufweist. Gelegentliche Sanierungen sind nicht vorgesehen. Da sich im Erdgeschoss fast immer Gewerbefläche befindet, wird die Fassade mit großen Werbeschildern und den erhältlichen Produkten behängt. Auch hier ist man versucht, den Vergleich zu unseren Jahrmärkten zu ziehen. Zwangsläufig kommen mir unsere Losbuden mit ihren Gewinnauslagen in Erinnerung. Alles was es zu gewinnen gibt, ist auf einen Blick ersichtlich. Unter Übersichtlichkeit verstehen wir dennoch etwas anderes. Gewohnt, dass Gebäudefluchten und Höhen sowie Fassadengestaltung vereinheitlichenden Normen unterworfen sind, empfinden wir die indischen Straßenzüge als disharmonisch, die Orientierung erschwerend, manchmal gar beängstigend oder eben chaotisch.

In Old Delhi gibt es einen Autoteilemarkt vor der größten Moschee Indiens. Obwohl ich zuvor gelesen hatte, dass dieser dort existiert, war ich nicht in der Lage ihn wahrzunehmen. Unsere Autoteilmärkte sehen eben anders aus. Erst vom erhöhten und vor allem beruhigten Standpunkt der Moschee aus war ein das Durcheinander auflösender Blick möglich. Aus der Distanz lichtete sich das Chaos und Fachgeschäfte waren auszumachen. So entpuppte sich zum Beispiel ein mit runden Gegenständen geschmückter Baum eindeutig als Felgen-Fachgeschäft. Da es in Indien meist um die Funktion geht, blitzten nicht neue Alu-Felgen zwischen den Zweigen, sondern rotbrauner Rost. Es ist lediglich eine Farbänderung, auf die man sich einlassen muss.

Blickt man von den Minaretten über die Stadt, nimmt man wahr, dass Hunderte, wenn nicht Tausende von kleinen Drachen den Luftraum beherrschen. Man lässt sie wegen man-

gelnder Grünflächen von den Flachdächern der Häuser aus steigen. Lange vor Erfindung der Lenkdrachen mit zwei Schnüren beherrschten die Inder die Kunst, diese fragilen Flugobjekte in den Luftkampf zu schicken. Es gewinnt selbstredend derjenige, der den Gegner zum Absturz zwingt. Ich habe Städte gesehen, deren Bäume wild geschmückt wirkten, unzählige abgestürzte Drachen hingen in den Zweigen. Überhaupt ist man erstaunt, wie viel Zeit die Inder mit Spielen verbringen. Die Drachen brausen den ganzen Tag über die Dachlandschaften, und die Altersgrenze der Piloten scheint erst mit der Zeugung eigenen Nachwuchses erreicht.
In der Himalaya-Region gibt es dagegen Spiele, die weiter im Süden von der Bildfläche verschwinden. Aufgrund der Hanglagen hat sich hier eine Variante unseres Seifenkistenrennens etabliert. Ein Brett mit zwei Holzachsen, an deren Enden geschlossene Kugellager befestigt sind. Die Federung übernimmt der Hintern, was dem Spaß nicht zu mindern scheint. Carrom ist hier das große Spiel der Älteren (Tischbillard mit Holzscheiben). So kann ein Metzgerstand aus 0,25 m² Verkaufsfläche und einen m² Carromspielfläche bestehen. Auch das bei uns nicht sonderlich verbreitete Hackysack Spiel erfreut sich großer Beliebtheit. Üblicherweise ein kleiner Stoffball, gefüllt mit Reis oder ähnlichem, wird hier durch eine Art Topfspülschwamm ersetzt. Aber das ganz große, Indien übergreifende Spiel ist Kricket. Die Briten selbst mussten nach rund 250 Jahren kapitulieren, Kricket aber hat das Land auf Dauer erobert. Die Altersgrenze scheint hier aufgehoben, ebenso der Anspruch auf eine taugliche Spielfläche in unserem Sinne. Aber auch Schläger und Bälle variieren verblüffend in ihrer Beschaffenheit. Die Hauptstadt des Staates Sikkim erklärt allabendlich die Hauptstraße zur Fußgängerzone. Der Spießrutenlauf durch den täglichen Verkehr findet seine abendliche Fortsetzung durch die querfliegenden Kricketbälle der zahlreichen, sich spontan zusammengefundenen Mannschaften. All dies bei Lichtverhältnissen (die Sonne ist lange untergegangen), die von den wenigen generatorbe-

triebenen Glühbirnen und Kerzen der angrenzenden Verkaufsläden aufrecht erhalten werden. Gibt es gerade mal keinen Stromausfall, sorgt die Straßenbeleuchtung für etwas entspanntere Sichtverhältnisse.
Während ich diesen Text mit Papier und Stift vorschreibe, sitze ich zum wiederholten Male in einer der Kneipen Kalkuttas. Anfangs war ich schwer beeindruckt, zieren doch jeden Tisch zahlreiche Brandy-Flaschen, die meisten davon leer. Zu meiner Erleichterung stellte sich heraus, dass sie nur mit Wasser gefüllt sind, um den „richtigen" Saft zu verdünnen. Ich bleibe beim Bier, wenngleich ich der einzige Konsument dieses Getränkes bin. Mir gegenüber sitzen zwei Männer um die fünfzig. Sie duellieren sich mit Liedgut. Die Tür öffnet sich und das Hupkonzert übertönt für einen Moment die Stimmung im Raum. Ein Mann mit einer Monkey Cap gesellt sich zu den Beiden. Diese Affenmütze, eine Mischung aus Schal und Mütze, gibt nur Augen, Nase und Mund preis. Ein Kleidungsstück das, wenn nicht für einen Banküberfall, bei uns frühestens bei Minus 20° Grad in Erwägung gezogen würde. Die West - Bengalis (Bewohner des hiesigen Bundesstaates) sind bekannt für ihre Kältevorsorge. Wie ich erfahren habe, tragen sie dieses polartaugliche Kleidungsstück auch auf Besuch in Bombay des Abends. In Bombay fallen die Temperaturen nie unter + 12°. Immerhin hat der gute Mann sich nach 5 Minuten von seiner Mütze getrennt und stimmt mit den beiden anderen Händchen haltend in die Gesänge ein. Dazu muss man wissen, dass es in Indien zwar tabu ist, wenn Mann und Frau Zärtlichkeiten in der Öffentlichkeit austauschen, gleichgeschlechtlichen "Paaren" in dieser Hinsicht aber wenig Grenzen gesetzt sind. Es handelt sich hierbei keinesfalls um Homosexuelle, sondern um eine indische Besonderheit, die bei uns immer wieder für Irritation sorgt. Mittlerweile ist die Gesangsrunde auf ein Quartett angewachsen und ich habe mehr als nur Bettschwere erreicht. 8% Alkohol der indischen "Superstrong" - Biere sind wirklich gewöhnungsbedürftig.

All diese tagtäglichen Beobachtungen sind es, die das Reisen in Indien spannend, unterhaltsam und vergnüglich gestalten. Fast immer sind es die Menschen und ihre Kultur, die alle Aufmerksamkeit auf sich ziehen, selbst in ausgesetzten Landschaften wie der Himalaya-Region oder der Wüste. Sollte es wider Erwarten gelingen, einmal kurzzeitig in annähernd unbewohntes Gebiet vorzustoßen, so gleicht dies einer Mondlandung. Die Schönheit der Landschaft wird aufgrund der plötzlichen Stille als irreal, übernatürlich schön empfunden und euphorisch aufgenommen.

Ich hoffe es ist mir gelungen, Euch ein wenig in die Leiden und Freuden des Indienreisenden einzuführen. Mir ist bewusst, dass die Freuden ein wenig zu kurz gekommen sind, möchte jedoch keinen vierten Teil anhängen, da meine Zeit langsam aber sicher zu Ende geht. Die ersten beiden Teile beschrieben Tatsachen, die nur von wenigen anders empfunden werden dürften. Auch das Chaos wird bei Reisenden unseres Kulturkreises ähnliche Empfindungen auslösen. Der von mir aufgezeigte Weg, dieses Land schätzen zu lernen, ist jedoch mein ganz persönlicher. Andere Ansatzpunkte bietet die Jahrtausende alte Kultur und ihre Vielseitigkeit (18 offizielle Sprachen und über 1000 Dialekte), alpine Herausforderungen, Indiens textile Farbenpracht, sehr gute und vielseitige Küche, die Tatsache, eines der günstigsten Reiseländer zu sein oder eben die goldene Mischung aus alledem.

Von Indien wird behauptet, dass man dieses Land lieben oder hassen wird. Tatsächlich trifft man auf viele Reisende, die zum wiederholten Male den Weg hierher gesucht haben. Denjenigen, die Indien nichts abgewinnen können, begegnet man verständlicherweise eher im Ausland. Aber es gibt auch noch eine andere wesentlich kleinere Gruppe, zu der ich mich zählen möchte. Diese vertritt die Meinung, dass Indien ähnlich viel Anziehendes wie Abstoßendes zu bieten hat und nachdem man den Großteil des Landes einmal kennen gelernt hat, eine Rückkehr nur schwer vorstellbar ist. Lärm, Dreck und Chaos sind Zustände, an die sich die meisten Reisenden nach einer Weile gewöhnen können, nicht aber an die indische Mentalität mit Fremden umzugehen.

Ein Faktor, auf den ich bisher noch nicht eingegangen bin und der Vollständigkeit halber noch nachreichen muss. Inder haben immer etwas zu verkaufen und sind der festen Überzeugung, dass der Tourist alles kaufen möchte, es selber nur nicht weiß. Also gilt es ihn zu überzeugen. Ist die Konkurrenz zwei Meter zuvor gescheitert, bedeutet es nicht, dass das Opfer gerade kein Klopapier, Wasser, Zigaretten, Wandteppich, Taxi, Hotelzimmer, Mahlzeiten, Sandalen, Tee, Zeitung, Flugticket usw. braucht, sondern dass der Vorgänger nicht sein Bestes gegeben hat. Spießrutenläufe dieser Art sind in touristischen Teilen Indiens an der Tagesordnung. Der Vor- bzw. Nachteil dieser Verkäufer (je nach Standpunkt) liegt darin, dass sie sich nicht zu weit von ihrem Laden entfernen können. Penetranter sind die ortsungebundenen Vertreter dieser Gattung. Diese gesellen sich in scheinbar neutralem Terrain mal so eben zu einem und beginnen ein lockeres Gespräch mit der Frage, die sich die Touristen untereinander kaum noch getrauen zu stellen: Where are you from? Ein Indien-Neuling beantwortet höflich diese wie die 20 folgenden Fragen, um am Ende mit der fantastischen Möglichkeit konfrontiert zu werden, Miniaturgemälde, Wandteppiche oder Sonstiges im Laden um die Ecke ansehen und damit kaufen zu können. Diese Art der Verkaufsstrategie (persönliches Verhältnis zum Kunden aufbauen) ist leider jedem Inder geläufig. Manchmal, wenn ich die Frage, woher ich komme, nicht vollständig ignorieren möchte, stelle ich sofort die Gegenfrage, was der gute Mann denn zu verkaufen habe. Dies sind dann die wenigen Momente, in denen man Inder „eingeschnappt" erleben kann. Leider nur für Sekunden, bis die Erkenntnis durchdringt, dass das „Opfer" einen zwar durchschaut, immerhin aber eine Reaktion gezeigt, in des Inders Augen damit Kaufinteresse signalisiert hat. Neben diesen ökonomisch orientierten Kommunikationspartnern gibt es eine weitere Gruppierung, deren Interes-

se darin besteht, die Touristen zum persönlichen Zeitvertreib zu missbrauchen. Zu ihnen gehören alle Mädchen (bis zur einsetzenden Pubertät) sowie alle Jungs und Männer bis zur Zeugung ihrer eigenen Kinder. Ihre Kontaktaufnahme beginnt mit einem "Hello" gefolgt von "where are you from?" Hat man sich die Information nicht verkneifen können, so wird anschließend noch die Frage angehängt "what is your name?" Danach ist der Vokabelschatz ausgereizt und man wird ziehen gelassen. Leider gibt es Gegenden, in denen dieses Spiel bis 100 x pro Stunde praktiziert wird, eine Art unbeabsichtigter Psychoterror. Die Bettler, die man vor Antritt einer Indienreise als Schreckensbild vor Augen hat, sind in diesem Zusammenhang völlig zu vernachlässigen. Der Umstand, beständig als Kommunikationsopfer herhalten zu müssen, ist es letztlich, der den Indienaufenthalt auf Dauer für viele als zu nervenaufreibend erscheinen lässt.
Zum Abschluss aber noch ein kleines Situationshighlight.
Auf rund 3000 Meter Höhe, in der Grenzregion zwischen Indien und Nepal, morgens kurz nach Sonnenaufgang. Ein Junge öffnet den Gänseverschlag und lautes Schnattern ertönt. Kurz danach ein schrilles, panisches Quieken. Gänsebraten heute Abend, denke ich mir. Der Junge kommt heraus und hält eine Feder in der Hand. Er formt sie ein wenig zurecht und putzt sich die Ohren. Q-tips auf indisch, warum auch nicht?

Liebe Grüße Klaus

Nachwort

Ich hoffe, ich konnte Ihre Erwartungen an das Buch weitestgehend erfüllen. Im Idealfall ist es mir gelungen, Ihnen Mut und Lust auf die Planung Ihrer ersten selbst organisierten Reise zu machen.
Sie können mir gerne eine Rückmeldung in Form von Anregungen oder Kritik unter „info@klaus-kopka.de" zukommen lassen. Natürlich freue ich mich auch über positive Rezensionen bei Amazon.

In diesem Sinne wünsche Ich Ihnen eine wunderbare erste selbstorganisierte Reise und gehe davon aus, dass Sie spätestens danach auf den Geschmack gekommen sein dürften.

Mit freundlichen Grüßen
Klaus Kopka